AF281033

Habilidades de comunicación

avanza editorial

Editado por:
EDITORIAL FAE, S.L.U.
Correo electrónico: editorial@editorialfae.com

Habilidades de comunicación
Elsa Rubio Duce

1ª Edición

Se ha puesto el máximo empeño en ofrecer a la persona lectora una información completa y precisa. Sin embargo, Editorial FAE, S.L.U. no asume ninguna responsabilidad derivada de su uso ni tampoco de cualquier violación de patentes ni otros derechos de terceras partes que pudieran ocurrir. Esta publicación tiene por objeto proporcionar unos conocimientos precisos y acreditados sobre el tema tratado. Su venta no supone para el editor ninguna forma de asistencia legal, administrativa o de ningún otro tipo.

ISBN: 978-84-1135-356-4

Impreso en España

Índice

Módulo 1. Comunicación asertiva y efectiva

Módulo 2. Psicología del interlocutor

Módulo 1. Comunicación asertiva y efectiva

Introducción

La comunicación es una habilidad esencial en todos los contextos de la vida personal, social y laboral. Sin embargo, comunicarse eficazmente no depende solo de emitir palabras: requiere comprensión, empatía y respeto mutuo. En este sentido, la comunicación asertiva se posiciona como un modelo de interacción equilibrado, que permite expresar opiniones, deseos y sentimientos de manera honesta, sin vulnerar los derechos de los demás.

Ser asertivo implica encontrar el punto medio entre dos extremos ineficaces: la pasividad, que evita el conflicto, pero sacrifica la propia opinión, y la agresividad, que impone las ideas a costa del respeto hacia los otros. La comunicación efectiva, por tanto, integra tanto el contenido del mensaje como la forma en que se transmite, teniendo en cuenta factores como el tono, la expresión corporal, la escucha activa y las barreras comunicativas que pueden distorsionar la comprensión.

A través del desarrollo de este módulo, se explorarán los elementos clave de la comunicación humana, las técnicas de escucha activa y empática, los estilos comunicativos más comunes y los recursos verbales y no verbales que facilitan el entendimiento. El objetivo no es solo aprender a hablar mejor, sino conectar con los demás desde la comprensión y la autenticidad, mejorando las relaciones interpersonales y profesionales.

Objetivos

- Identificar los elementos fundamentales del proceso comunicativo y las características de la comunicación asertiva.
- Distinguir entre comunicación verbal y no verbal, comprendiendo su influencia en la interpretación del mensaje.
- Reconocer las barreras más comunes que interfieren en la comunicación efectiva y aplicar técnicas para superarlas.
- Desarrollar habilidades de escucha activa y empática, favoreciendo la comprensión mutua.
- Aplicar técnicas de comunicación asertiva en diferentes contextos personales y profesionales.
- Ejecutar mensajes coherentes y respetuosos, identificando y evitando las interferencias emocionales y actitudinales.
- Analizar los distintos estilos comunicativos (pasivo, agresivo, asertivo) y sus efectos en las relaciones interpersonales.

1. Identificación de la comunicación asertiva

La asertividad es un estilo de comunicación que permite expresar opiniones, necesidades, sentimientos y derechos de manera clara, directa y respetuosa, evitando tanto la pasividad (ceder sistemáticamente) como la agresividad (imponer o descalificar). Su propósito es defender los propios intereses y, al mismo tiempo, considerar los de la otra parte, promoviendo relaciones equilibradas y eficaces.

Antes de enumerar las características, conviene situar la asertividad en relación con otros estilos para clarificar su alcance: la comunicación asertiva no busca ganar a toda costa ni agradar por obligación; busca acuerdos factibles y convivencia profesional.

Para comprender los rasgos clave de la asertividad, se presentan a continuación sus características más destacadas, que orientan la conducta comunicativa:

- **Claridad**: el mensaje se formula de forma concreta y sin ambigüedades.
- **Respeto**: se cuidan la cortesía, el turno de palabra y la imagen del interlocutor.
- **Autenticidad**: se expresa lo que se piensa o siente, sin máscaras ni manipulación.
- **Responsabilidad**: se asumen las propias decisiones y sus consecuencias.
- **Equilibrio**: se buscan opciones de mutuo beneficio y soluciones viables.
- **Coherencia verbal/no verbal**: el lenguaje corporal y el tono refuerzan el contenido.
- **Orientación a acuerdos**: se formula la petición o la propuesta con criterios realistas.

Fig. 1. La asertividad no equivale a "tener siempre la razón": se trata de hacer explícita la propia posición de manera legítima y respetuosa, abriendo espacio al acuerdo o a la discrepancia constructiva

A. Estilos comunicativos comparados

Para visualizar las diferencias prácticas entre estilos, se ofrece la siguiente tabla comparativa. Esta contrasta objetivos, recursos verbales y no verbales, impacto emocional y resultados típicos de cada estilo:

Dimensión	Estilo pasivo	Estilo agresivo	Estilo asertivo
Objetivo implícito	Evitar conflicto	Imponer/ganar	Acuerdos justos
Verbal	Dudas, muletillas, disculpas excesivas	Imperativos, juicios, generalizaciones	Mensajes claros y específicos
No verbal	Postura cerrada, voz baja, poca mirada	Postura invasiva, volumen alto, gestos abruptos	Postura abierta, contacto visual, voz firme
Emoción que genera	Frustración, inseguridad	Resistencia, defensa, miedo	Confianza, cooperación
Resultado habitual	Cesión y saturación	Conflicto y rechazo	Colaboración y respeto

B. Ejemplos prácticos de situaciones reales

Con el fin de observar la diferencia entre estilos, se muestran a continuación tres respuestas frente a una misma situación (solicitud de tarea urgente a última hora):

- **Pasivo**: "Bueno... si es imprescindible, intentaré quedarme, aunque tenía un compromiso" (se cede sin negociar).

- **Agresivo**: "Eso no es mi problema; organizaos mejor la próxima vez" (se invalida y se confronta).
- **Asertivo**: "Hoy no puedo quedarme por un compromiso previo. Propongo entregarlo mañana a las 10:00 o repartir las subtareas ahora para cumplir el plazo" (se explicita límite y se ofrecen alternativas).

Mensaje en formato "yo": "Yo necesito el informe con 24 h de antelación para revisarlo con calidad. Cuando llega sobre la marcha, me resulta imposible garantizarlo. Propongo fijar un corte diario a las 15:00."

C. Microtécnicas asertivas esenciales

Se presentan a continuación microtécnicas recurrentes y su finalidad:

- **Mensajes-yo**: describir hechos, impacto y petición ("Yo siento… cuando… porque… y necesito…").
- **Disco rayado**: repetir con calma la petición o el límite, evitando entrar en bucles emocionales.
- **Aplazamiento asertivo**: posponer la respuesta para reflexionar ("Lo reviso y te confirmo a las 17:00").
- **Banco de niebla**: reconocer parte de razón ajena sin ceder el fondo ("Entiendo la urgencia; aun así, necesito…").
- **Acuerdo viable**: ofrecer alternativas específicas y medibles (hora, alcance, responsable).

La coherencia entre contenido (qué se dice) y forma (cómo se dice) es crítica. Un mensaje correcto con tono irónico o mirada evasiva pierde eficacia.

D. Lista de verificación rápida (autoobservación)

El objetivo de la lista es detectar hábitos y orientar pequeñas mejoras en contextos reales:

- ¿El mensaje es concreto y el objetivo está claro?
- ¿Se ha escuchado la posición del otro antes de responder?
- ¿La propuesta incluye plazos o condiciones verificables?
- ¿El tono y la postura apoyan la intención del mensaje?
- ¿Se han anticipado posibles objeciones y preparado alternativas?

A continuación, se expone un caso práctico resuelto en el que una responsable de equipo debe comunicar a un compañero que su informe semanal contiene errores y que será necesario revisarlo antes de entregarlo al cliente. La situación requiere tacto, ya que el mensaje puede generar incomodidad o una reacción defensiva si no se expresa con empatía.

El mensaje inicial (antes de la revisión) es el siguiente: *"El informe está mal hecho otra vez. Necesito que lo corrijas cuanto ante*s."

Este mensaje, aunque transmite la información principal, resulta ambiguo y emocionalmente poco cuidadoso. No concreta qué parte está mal, no indica plazos y adopta un tono autoritario que puede generar resistencia.

Para mejorar la calidad del mensaje, la responsable aplica mentalmente la lista de verificación rápida:

- **¿El mensaje es concreto y el objetivo está claro?** Se reconoce que no: el mensaje generaliza ("está mal hecho") sin especificar los errores ni explicar qué se espera exactamente.
- **¿Se ha escuchado la posición del otro antes de responder?** No se ha dado espacio para que el compañero explique su punto de vista. Escuchar primero podría revelar si los errores se deben a falta de información, sobrecarga o malentendidos.

- **¿La propuesta incluye plazos o condiciones verificables?** Tampoco. La expresión "cuanto antes" no permite planificar ni establecer prioridades. Es preferible concretar una fecha o un margen temporal.
- **¿El tono y la postura apoyan la intención del mensaje?** El tono empleado era tenso y la postura corporal (brazos cruzados, mirada fija) transmitía enfado, lo que contradice la intención de colaborar.
- **¿Se han anticipado posibles objeciones y preparado alternativas?** No. El mensaje no incluye soluciones ni apoyo para realizar las correcciones.

Tras analizar estos puntos, la persona reformula su comunicación de manera más asertiva y cooperativa:

"He revisado tu informe y he encontrado algunas diferencias en los datos de ventas. ¿Podrías contarme cómo hiciste los cálculos para revisarlo juntos? Si te parece, podríamos dejar la versión final lista para mañana al mediodía."

Con esta nueva formulación, el mensaje resulta más claro, respetuoso y orientado a la solución. Se ofrece colaboración, se establece un plazo verificable y se da espacio para la participación del interlocutor. Además, el tono es calmado y la postura abierta, reforzando la coherencia entre el lenguaje verbal y no verbal.

1.1. Factores de la comunicación efectiva

La **comunicación efectiva** depende de la coordinación de elementos técnicos (mensaje, canal, *feedback*) y factores humanos (emociones, motivaciones, contexto cultural y de poder). No basta con emitir información: se requiere diseñar el mensaje, escoger el canal adecuado, minimizar interferencias y verificar la comprensión.

Se enumeran a continuación los factores más determinantes y la pregunta guía que orienta su gestión:

- **Emisor y receptor**: ¿quién comunica y a quién, con qué expectativas y marco mental?

- **Mensaje**: ¿qué se quiere lograr? (informar, pedir, negociar, retroalimentar).
- **Código**: ¿qué lenguaje, jerga o nivel de tecnicismo se utilizará?
- **Canal**: ¿cuál es el medio más pertinente (cara a cara, teléfono, correo, chat, videollamada)?
- **Contexto**: ¿en qué entorno físico, social, cultural y jerárquico se produce el intercambio?
- **Ruido/interferencias**: ¿qué puede distorsionar (prisa, emociones, sesgos, tecnología, rumores)?
- **Feedback**: ¿cómo se comprobará la comprensión y el acuerdo (preguntas, parafraseo, resumen)?
- **Tiempo y oportunidad**: ¿cuál es el mejor **momento** y la **secuencia** para abordar el tema?
- **Emoción y clima**: ¿qué estado emocional propio y ajeno influye en la recepción del mensaje?

 **Saber más**

Las "7 C" como guía práctica: muchos manuales recomiendan revisar Claridad, Concisión, Concreción, Corrección, Coherencia, Cortesía y Completitud antes de enviar un mensaje formal. Esta lista sirve como checklist de calidad comunicativa.

La siguiente tabla vincula cada factor con pautas operativas y señales observables:

Factor	Pautas operativas	Señales de mejora
Mensaje	Definir objetivo (informar/decidir/pedir), priorizar 1-2 ideas clave, cierre con "siguiente paso".	Resúmenes breves, menos malentendidos, acuerdos explícitos.
Canal	Elegir medio según complejidad y sensibilidad; asuntos críticos, cara a cara o videollamada.	Menos correos en cadena, decisiones más rápidas.
Código	Evitar jerga innecesaria; incluir ejemplos y cifras.	Mayor retención y réplica fiel del mensaje.
Contexto	Preparar entorno (tiempo, privacidad, jerarquía); anticipar normas culturales.	Disminución de tensiones y objeciones improcedentes.
Ruido	Gestionar tiempo, emociones y tecnología; acuerdos de "turnos y duración".	Interrupciones mínimas, foco sostenido.
Feedback	Parafrasear, preguntar, confirmar acuerdos por escrito.	Cierre con tareas, responsables y fechas.
Emoción	Nombrar la emoción relevante ("veo que hay preocupación"), regular el tono.	Clima de confianza y cooperación.

1.2. Elementos integrantes de la comunicación

La **comunicación** es un proceso complejo que implica la transmisión de información entre dos o más personas mediante un sistema compartido de signos. Este proceso no consiste solo en hablar o escribir, sino en intercambiar significados. Por ello, comprender sus elementos integrantes es esencial para garantizar la efectividad y claridad del mensaje.

Fig. 2. Cada interacción comunicativa se compone de una serie de elementos que trabajan de forma interdependiente: si alguno de ellos falla, el mensaje puede distorsionarse, perderse o ser malinterpretado

Los elementos que forman parte del proceso de comunicación son emisor, receptor, mensaje, canal, código, contexto y retroalimentación (*feedback*).

A continuación, se describen de forma individual, con ejemplos que ilustran su funcionamiento en situaciones reales:

Elemento	Descripción	Ejemplo práctico en el ámbito laboral o social
Emisor	Persona que origina el mensaje, decide el contenido y el modo de transmitirlo.	Un responsable que comunica un cambio de turno al equipo.
Receptor	Persona que recibe e interpreta el mensaje según su experiencia, conocimientos y emociones.	El empleado que escucha el nuevo horario y lo asimila.
Mensaje	Es la información concreta que se transmite, verbal o no verbal.	"El turno de tarde empezará a las 14:00."
Código	Conjunto de símbolos o signos que ambos comparten para comprender el mensaje.	Lengua española, lenguaje corporal, gestos, iconos visuales.
Canal	Medio físico o tecnológico por el cual se transmite la información.	Cara a cara, correo electrónico, llamada, videoconferencia.
Contexto	Circunstancias físicas, sociales o psicológicas en las que se produce el acto comunicativo.	Reunión formal, entorno ruidoso, clima de tensión o confianza.
Feedback (retroalimentación)	Respuesta del receptor que indica si el mensaje ha sido entendido o necesita aclaración.	"De acuerdo, entonces empiezo a las 14:00, ¿verdad?"

Ejemplo

Una supervisora envía por correo electrónico instrucciones para la entrega de un proyecto:

- **Emisor:** la supervisora.
- **Mensaje:** "El informe debe entregarse el jueves a las 12:00 con las gráficas actualizadas."
- **Código:** lenguaje formal escrito.
- **Canal:** correo electrónico corporativo.
- **Receptor:** el equipo de analistas.
- **Contexto:** jornada previa al cierre mensual, alto nivel de trabajo.
- **Feedback:** uno de los analistas responde "Confirmo recepción. Tendremos el informe final listo mañana."

Sin feedback, el proceso de comunicación queda incompleto, ya que el emisor no sabe si su mensaje ha sido comprendido, ignorado o interpretado de otro modo.

Estos elementos no funcionan de manera aislada. Cada uno **influye en la eficacia de los demás**. Por ejemplo:

- Si el **canal** elegido no es adecuado (un tema complejo enviado por mensaje corto), el **mensaje** puede malinterpretarse.
- Si el **código** no es compartido (tecnicismos desconocidos por el receptor), se pierde la **claridad**.
- Si el **contexto emocional** es tenso, incluso un mensaje correcto puede percibirse como hostil.

La siguiente tabla muestra cómo los errores en cada elemento afectan a la efectividad global:

Elemento afectado	Error habitual	Consecuencia
Emisor	Falta de claridad o exceso de información.	Confusión o desinterés.
Receptor	Escucha pasiva o distracción.	Malentendidos o pérdida del mensaje.
Código	Uso de jerga o siglas no conocidas.	Incomprensión parcial o total.
Canal	Medio inapropiado o saturado.	Ruido o pérdida de información.
Contexto	Elección del momento inadecuado.	Rechazo o falta de receptividad.
Feedback	Ausencia de confirmación.	Repetición de errores o retrasos.

Por otro lado, todo proceso comunicativo combina dos dimensiones complementarias:

1. **Comunicación verbal**, basada en palabras habladas o escritas.
2. **Comunicación no verbal**, expresada mediante gestos, tono, posturas o expresiones faciales.

Estas dos dimensiones actúan de forma simultánea y deben **transmitir coherencia** para generar credibilidad:

Dimensión	Características	Ejemplo de uso coherente
Verbal	Uso de palabras, oraciones y estructura lingüística. Permite precisión y argumentación.	Decir: "Te felicito por el esfuerzo en el informe."
No verbal	Se apoya en gestos, miradas, tono, pausas, distancia, vestimenta o contacto visual.	Sonreír, mirar a la persona y mantener un tono cálido.

Fig. 3. Cuando hay incoherencia entre lo verbal y lo no verbal, las personas tienden a creer lo no verbal; por ejemplo, si se dice "todo va bien" con los brazos cruzados y tono seco, el mensaje se percibe como incongruente

El **avance tecnológico** ha multiplicado los canales de comunicación: correo electrónico, mensajería instantánea, videollamadas, redes sociales internas, entre otros. Seleccionar el canal correcto implica valorar el objetivo, la formalidad y la inmediatez deseada:

Canal	Ventajas principales	Limitaciones o riesgos	Uso recomendado
Oral (presencial o telefónico)	Rapidez, empatía, permite tono y gestos.	No deja registro; puede generar malentendidos si no hay confirmación.	Reuniones, mediación de conflictos, temas sensibles.
Escrito (correo, chat, informe)	Deja constancia, claridad formal, facilita revisión.	Falta de matices emocionales, posible frialdad.	Instrucciones, acuerdos, información técnica.
Audiovisual (videollamada)	Combina lenguaje verbal y no verbal, fortalece cercanía.	Requiere conexión estable, puede generar fatiga digital.	Coordinación entre equipos, presentaciones.
Multicanal (mixto)	Permite integrar texto, imagen y audio.	Exceso de información o dispersión.	Comunicación corporativa, formación, marketing interno.

El **contexto** determina el significado final del mensaje. No se comunica igual en un entorno profesional que en uno familiar, ni en una situación de crisis que en un clima de calma. El contexto incluye el espacio físico, el entorno social, la relación jerárquica, la cultura organizativa y el estado emocional de los interlocutores.

 **Ejemplo**

Una frase como "tenemos que hablar" puede interpretarse como advertencia en un entorno laboral tenso, o como invitación constructiva en una relación de confianza.

 **Saber más**

En culturas de alto contexto (como Japón o España), la comunicación suele ser más implícita y depende del tono y la situación. En cambio, en culturas de bajo contexto (como Alemania o EE. UU.), se valoran los mensajes explícitos y directos. Comprender estas diferencias resulta esencial en equipos internacionales.

Por último, el *feedback* o retroalimentación es la respuesta que el receptor ofrece al emisor y que confirma la eficacia del proceso comunicativo. Puede ser verbal ("de acuerdo, entiendo lo que pides") o no verbal (una sonrisa, un gesto afirmativo).

Sin feedback, la comunicación se convierte en un monólogo y se pierde la oportunidad de corregir malentendidos a tiempo.

 **Ejemplo**

En una reunión de equipo, la responsable finaliza su exposición preguntando:
"¿Está clara la propuesta de mejora? ¿Alguien ve algún obstáculo?"
De este modo, abre el espacio para el feedback bidireccional y garantiza que el mensaje haya sido comprendido.

1.3. Elementos actitudinales para una escucha activa y empática

La **escucha activa y empática** constituye uno de los pilares de la comunicación efectiva y asertiva. Escuchar activamente no es solo oír las palabras del interlocutor, sino comprender su significado, su intención y su emoción, mostrando interés genuino.

La **empatía**, por su parte, permite situarse mental y emocionalmente en el lugar del otro, comprendiendo sus percepciones sin juzgarlas.

Fig. 4. La escucha activa es la habilidad de atender de manera consciente, comprendiendo no solo lo que se dice, sino lo que se quiere decir

La **escucha empática** añade la dimensión emocional: entender lo que el otro siente al comunicar su mensaje.

La escucha activa no depende únicamente de una **técnica**, sino de una actitud interior. Implica disposición genuina para comprender, paciencia para esperar el turno de palabra y respeto por la perspectiva del otro. Una actitud receptiva transforma la calidad del diálogo: cuando el interlocutor percibe que es escuchado, se siente validado y colabora con mayor apertura.

Actitud básica	Descripción práctica	Efecto comunicativo
Atención plena	Concentrarse en el momento presente, evitando interrupciones o distracciones (móvil, ordenador, pensamientos).	Facilita la comprensión real del mensaje.
Interés genuino	Mostrar curiosidad y motivación por comprender la perspectiva del otro.	Genera confianza y apertura.
Respeto	Aceptar las ideas ajenas sin juzgarlas mientras se escuchan.	Reduce defensas y conflictos.
Empatía	Intentar ponerse en el lugar del otro, entendiendo cómo se siente.	Mejora la conexión emocional.
Paciencia	Permitir que el otro termine de hablar sin interrumpir.	Favorece la fluidez comunicativa.
Humildad	Reconocer que no siempre se tiene la razón o toda la información.	Fomenta el aprendizaje mutuo.

Estas actitudes no son automáticas; requieren **entrenamiento y autorregulación emocional**. Practicar la atención plena y controlar los juicios internos mejora significativamente la calidad de la escucha.

Por otro lado, escuchar activamente se traduce en comportamientos visibles y auditivos que demuestran implicación:

Comportamiento	Descripción o acción	Ejemplo
Contacto visual adecuado	Mirar al interlocutor de forma natural, sin intimidar ni distraerse.	Asentir ligeramente mientras el otro habla.
Postura abierta	Orientar el cuerpo hacia la persona, sin cruzar brazos ni mirar al reloj.	Inclinarse levemente hacia delante para mostrar atención.
Gestos de refuerzo	Asentir con la cabeza o sonreír de forma empática.	Decir "entiendo" o "sí" para mantener el flujo.
Parafraseo	Repetir o resumir con tus palabras lo escuchado para confirmar comprensión.	"Entonces, lo que te preocupa es que el plazo es muy corto, ¿verdad?"
Preguntas aclaratorias	Formular preguntas abiertas o cerradas según el tipo de información necesaria.	"¿Podrías explicarme cómo afectó eso al equipo?"
Silencio activo	Esperar sin interrumpir, mostrando disponibilidad para que el otro continúe.	Guardar unos segundos de pausa antes de responder.

Ejemplo

En una reunión, un compañero expresa frustración por falta de recursos.

En lugar de responder de inmediato, el oyente asertivo practica parafraseo:

"Parece que te sientes saturado porque el equipo no cuenta con el apoyo técnico necesario. ¿Es así?" Esto demuestra comprensión y abre la posibilidad de buscar soluciones conjuntas.

Para mejorar la escucha activa y empática, es necesario identificar los hábitos que la dificultan.

A continuación, se describen los principales **obstáculos actitudinales**, junto con sus alternativas constructivas:

Obstáculo	Descripción	Alternativa asertiva
Interrumpir constantemente	Se impide que el otro desarrolle su idea.	Esperar el turno de palabra, anotar ideas si es necesario.
Juzgar prematuramente	Emitir opiniones sin haber comprendido todo el mensaje.	Escuchar hasta el final antes de valorar.
Pensar en la respuesta mientras el otro habla	Desconecta del discurso del interlocutor.	Centrarse en comprender, responder después.
Minimizar los sentimientos del otro	Frases como "no es para tanto" o "ya se te pasará".	Validar la emoción: "Entiendo que te haya molestado."
Fingir atención	Asentir sin estar realmente atento.	Practicar escucha plena, con contacto visual y lenguaje corporal coherente.
Adoptar postura defensiva	Interpretar el mensaje como ataque personal.	Reformular y preguntar para entender la intención.

Fig. 5. Cuando el oyente adopta una actitud defensiva o evaluadora, bloquea el flujo comunicativo

En cambio, el oyente empático **acoge sin juzgar**, lo que crea un espacio de confianza y colaboración.

La empatía integra tres dimensiones complementarias que deben desarrollarse de forma conjunta:

- **Cognitiva:** capacidad de comprender el punto de vista del otro ("entiendo su lógica").
- **Emocional:** capacidad de compartir y resonar con la emoción ajena ("siento su preocupación").
- **Comunicativa:** habilidad para expresar comprensión de manera verbal o no verbal ("veo que esto te afecta, estoy aquí para escucharte").

 Anotación

La simpatía implica sentir pena o afecto, pero manteniendo distancia ("pobrecillo").

La empatía, en cambio, implica comprensión y conexión emocional sin perder objetividad, lo que la hace más eficaz en entornos profesionales.

La mejora de la escucha activa requiere práctica consciente. A continuación, se presentan estrategias concretas orientadas a distintos contextos:

- Adoptar la postura "escucha para comprender, no para responder".
- Resumir mentalmente las ideas clave de lo que se escucha antes de emitir una opinión.
- Identificar las emociones del interlocutor (enojo, miedo, ilusión, frustración) y reflejarlas con empatía.
- Evitar el multitasking durante las conversaciones (cerrar correo, silenciar el móvil).
- Utilizar pausas breves para demostrar atención y permitir que el otro amplíe su discurso.
- Registrar acuerdos o ideas principales al final de una conversación larga.

Ejemplo

Durante una entrevista de evaluación de desempeño, un empleado expresa sentirse poco valorado.

El responsable aplica escucha empática respondiendo: "Comprendo que te sientas así; me gustaría revisar juntos cómo podemos mejorar tu participación en los proyectos."

Se demuestra reconocimiento y se orienta la conversación hacia soluciones.

Fig. 6. La escucha activa y empática requiere una actitud de apertura, respeto y conexión emocional: implica prestar atención plena, comprender el mensaje y la emoción del interlocutor, y responder con empatía y claridad

1.4. Técnicas de escucha activa y empática

La **escucha activa y empática** es una habilidad comunicativa avanzada que exige práctica y conciencia. Supone no solo oír lo que el interlocutor dice, sino interpretar su mensaje verbal, captar su lenguaje no verbal y responder de manera que demuestre comprensión.

Para lograrlo, existen técnicas concretas que ayudan a mantener la atención, interpretar correctamente las emociones del otro y responder de manera constructiva. Estas técnicas fortalecen la relación interpersonal, evitan malentendidos y crean un clima de confianza mutua.

Escuchar activamente no es permanecer en silencio, sino participar de manera consciente en el proceso comunicativo. La escucha empática va más allá, al conectar con el estado emocional del interlocutor sin perder la objetividad.

Antes de detallar las técnicas, conviene identificar los **componentes básicos** que sustentan la escucha activa. Cada uno representa una acción intencionada que favorece la comprensión profunda del mensaje:

Componente	Acción asociada	Finalidad
Atención	Focalizar la mente y los sentidos en el mensaje del interlocutor.	Evitar distracciones y demostrar interés real.
Comprensión	Analizar el contenido y el contexto del mensaje.	Captar tanto el significado literal como el implícito.
Interpretación emocional	Detectar las emociones subyacentes en el tono o el lenguaje corporal.	Responder de forma sensible y empática.
Retroalimentación (*feedback*)	Resumir, confirmar o preguntar para validar la comprensión.	Garantizar que el emisor se sienta escuchado y entendido.

Fig. 7. La calidad de la escucha no depende solo del tiempo dedicado, sino de la intención y la atención plena con la que se participa en la conversación

Existen múltiples estrategias que pueden aplicarse según el contexto. A continuación, se describen las **técnicas más relevantes**, explicando su uso y objetivo práctico.

Técnica	Descripción	Ejemplo aplicado
Parafraseo	Repetir con tus propias palabras lo que el interlocutor ha dicho, confirmando la comprensión.	"Entonces, lo que planteas es que la carga de trabajo actual supera los recursos disponibles, ¿correcto?"
Reflejo emocional	Verbalizar la emoción percibida en el interlocutor.	"Parece que te sientes frustrado por la falta de comunicación interna."
Silencio activo	Guardar silencio breve y atento, permitiendo que el otro amplíe su mensaje.	Asentir sin hablar mientras el otro reflexiona o busca palabras.
Afirmaciones de refuerzo	Emplear expresiones breves que mantengan el flujo comunicativo.	"Entiendo", "ya veo", "te sigo", "claro".
Preguntas aclaratorias	Formular preguntas abiertas o cerradas que inviten a profundizar.	"¿Qué te gustaría que cambiara en el proceso?"
Resumen	Sintetizar al final de la conversación los puntos clave para confirmar acuerdos o comprensión.	"Entonces, acordamos reducir reuniones y establecer un informe semanal, ¿verdad?"
Feedback empático	Combinar comprensión cognitiva y emocional en la respuesta.	"Comprendo que esta situación te haya molestado; veamos juntos cómo resolverlo."

El **silencio** cumple una función esencial en la escucha activa. Lejos de ser pasividad, el silencio bien utilizado se convierte en un espacio de reflexión que otorga protagonismo al interlocutor.

Los tipos de silencio constructivo son:

- **Silencio de acompañamiento:** muestra empatía sin necesidad de palabras.
- **Silencio de reflexión:** permite procesar información antes de responder.
- **Silencio estratégico:** ofrece espacio para que el interlocutor amplíe su argumento.

Ejemplo

Durante una reunión, tras expresar un desacuerdo, el interlocutor guarda silencio unos segundos.
El oyente empático no interrumpe; mantiene contacto visual y actitud abierta.
El silencio favorece la autorregulación emocional y la comunicación auténtica.

En contextos donde las emociones son intensas (conflictos, evaluaciones, conversaciones sensibles), el oyente debe combinar técnica con sensibilidad.

Se describen estrategias específicas de escucha empática:

1. **Validar la emoción antes del contenido:** En lugar de responder con datos, reconocer primero el sentimiento. Por ejemplo: "Entiendo que esta situación te haya hecho sentir frustrado; luego revisamos los detalles."
2. **Evitar la interpretación o el consejo prematuro:** Escuchar antes de opinar o aconsejar. Por ejemplo: "Antes de darte mi opinión, quiero asegurarme de haber entendido todo lo que te preocupa."
3. **Normalizar la emoción:** Mostrar comprensión sin minimizar. Por ejemplo: "Es lógico sentirse así después de una semana tan intensa."
4. **Usar el lenguaje corporal coherente:** Postura abierta, tono suave, expresión facial congruente. El cuerpo debe comunicar lo mismo que las palabras.

Anotación

La empatía no significa adoptar las emociones del otro, sino reconocerlas y validarlas desde una posición equilibrada. Un exceso de implicación emocional puede generar desgaste o falta de objetividad.

Por otro lado, la técnica del "parafraseo-refuerzo" combina dos acciones: parafrasear (asegurar comprensión) y reforzar (mostrar apoyo o reconocimiento). Se utiliza especialmente en conversaciones difíciles o con alto contenido emocional.

Su estructura básica es la siguiente:

1. Parafrasear el contenido → "Entonces lo que dices es que…"
2. Reflejar la emoción → "Entiendo que eso te preocupa…"
3. Reforzar la apertura → "Agradezco que lo compartas conmigo."

Ejemplo

Un colaborador comenta: "No me siento tomado en cuenta cuando se reparten los proyectos."
Respuesta empática: "Entonces percibes que no se valora tu aportación, y eso te hace sentir desplazado. Aprecio que lo digas; busquemos juntos cómo mejorar la asignación."
Esta técnica permite mantener la relación profesional, reconocer la emoción y orientar hacia la solución sin confrontar.

Por su parte, el *feedback* es una herramienta esencial en la escucha activa, ya que cierra el ciclo comunicativo. Un feedback adecuado refuerza la comprensión, mejora la colaboración y fortalece la confianza.

Las características del feedback constructivo son:

- Es **específico** (describe hechos, no juicios).
- Es **oportuno** (se da en el momento adecuado).
- Es **respetuoso** (usa un tono positivo y empático).
- Es **orientado al futuro** (ofrece alternativas de mejora).

Ejemplo

"Aprecio tu esfuerzo en este informe; la próxima vez podríamos revisar juntos los gráficos antes del cierre para ajustarlos al formato."

Fig. 8. En entornos colaborativos, aplicar feedback empático mejora la cohesión y la productividad: escuchar activamente las ideas del equipo reduce el conflicto y estimula la innovación compartida

Para aplicar estas técnicas en distintos entornos (laboral, social o educativo), se presenta una guía de uso rápido:

Contexto	Técnicas prioritarias	Objetivo comunicativo
Reuniones o negociaciones	Parafraseo, resumen, silencio activo.	Favorecer acuerdos y claridad.
Gestión de conflictos	Reflejo emocional, validación, feedback empático.	Reducir tensión y encontrar puntos comunes.
Entrevistas o tutorías	Preguntas abiertas, reformulación, refuerzo positivo.	Fomentar confianza y expresión libre.
Atención al cliente o usuario	Escucha plena, normalización emocional, feedback constructivo.	Aumentar satisfacción y fidelización.
Comunicación educativa o formativa	Afirmaciones de refuerzo, ejemplos, lenguaje no verbal coherente.	Estimular motivación y participación.

Ejemplo

Un compañero de trabajo expresa: "Últimamente siento que no se valoran mis aportes en las reuniones; me da la impresión de que mis ideas se ignoran."

- **Escucha pasiva (incorrecta):** "No te preocupes, seguro no es para tanto."
- **Escucha activa y empática (correcta):** "Entiendo que te sientas así. He notado que en las últimas reuniones el tiempo se acorta mucho. ¿Qué te parecería si reservamos un espacio fijo para tus propuestas?" Se aplican reflejo emocional, parafraseo y búsqueda de solución conjunta, logrando un diálogo constructivo.

2. Ejecución coherente del mensaje, identificando las posibles interferencias

La **ejecución del mensaje** es la fase en la que se materializa la comunicación, es decir, el momento en que el emisor transmite su idea, petición o información al receptor a través de un canal concreto. Una ejecución coherente exige alinear el contenido, el tono y el lenguaje corporal, de manera que todos los elementos del mensaje refuercen el mismo significado.

En esta etapa, incluso los mensajes bien planificados pueden verse **alterados o malinterpretados** debido a interferencias o ruidos que distorsionan la comunicación. Por ello, identificar y minimizar esas interferencias es esencial para lograr claridad, precisión y efectividad.

Fig. 9. Un mensaje coherente es aquel en el que lo que se dice, cómo se dice y lo que se transmite no verbalmente se encuentran en sintonía

Para que un mensaje sea coherente, debe existir **congruencia** entre tres niveles:

Nivel	Descripción	Ejemplo práctico
Verbal (lo que se dice)	Palabras y estructuras lingüísticas empleadas.	"Estoy satisfecho con tu trabajo."
Paraverbal (cómo se dice)	Tono, ritmo, pausas, énfasis y volumen de voz.	Se dice con tono calmado y sonrisa.
No verbal (lo que se muestra)	Gestos, postura, mirada, proximidad o expresión facial.	Postura abierta y contacto visual directo.

Cuando estos tres niveles coinciden, el mensaje es percibido como auténtico. Si difieren, se genera incoherencia y el receptor confía más en las señales no verbales que en las verbales.

La coherencia comunicativa refuerza la credibilidad del emisor. Un tono tenso o una mirada evasiva pueden invalidar un mensaje correcto en contenido.

A continuación, se presentan estrategias prácticas que garantizan una ejecución comunicativa alineada:

1. **Preparar el objetivo**: definir con claridad qué se quiere comunicar (informar, pedir, negociar, proponer).
2. **Estructurar el mensaje**: seguir un orden lógico (inicio – desarrollo – cierre).
3. **Adecuar el lenguaje** al receptor: elegir vocabulario, tecnicismos y tono adecuados a su nivel de conocimiento.
4. **Cuidar el tono emocional**: mantener una voz firme, pausada y amable.
5. **Controlar el lenguaje corporal**: gestos naturales, mirada directa, postura abierta.
6. **Verificar la comprensión**: solicitar *feedback* ("¿Está claro?" o "¿Lo ves viable?").
7. **Evitar contradicciones**: revisar que las palabras coincidan con las acciones posteriores.

Una jefa comunica un cambio de procedimiento al equipo:

- **Versión incoherente:** tono impaciente, brazos cruzados, mirada hacia el suelo.
- **Versión coherente:** postura abierta, tono calmado, contacto visual, explicación clara de los motivos y beneficios del cambio.

En la segunda versión, el mensaje genera confianza y aceptación.

El término **ruido** se utiliza para describir cualquier elemento que distorsione o dificulte la correcta recepción del mensaje. Estas interferencias pueden ser físicas, psicológicas, semánticas o tecnológicas.

A continuación, se presenta una clasificación con ejemplos y estrategias de prevención:

Tipo de interferencia	Descripción	Ejemplo	Cómo prevenir o corregir
Física	Factores externos del entorno.	Ruido ambiental, mala conexión, interrupciones.	Buscar un entorno tranquilo, revisar el equipo técnico.
Semántica	Uso de palabras ambiguas o técnicas no comprendidas.	"Necesitamos sinergias transversales" (término confuso).	Adaptar el vocabulario al receptor, usar ejemplos claros.
Psicológica	Estado emocional o prejuicios de los interlocutores.	Enfado, ansiedad, desconfianza.	Controlar emociones, practicar escucha empática.
Cultural	Diferencias en normas, valores o formas de expresión.	Contacto visual interpretado como irrespetuoso o como señal de atención.	Conocer y respetar las normas comunicativas del interlocutor.
Tecnológica	Problemas derivados de los medios digitales.	Retrasos en videollamadas, mensajes mal enviados.	Confirmar recepción y claridad, usar canales adecuados.

Ejemplo

Durante una videollamada, un participante habla con ruido de fondo y mala conexión (interferencia física). Además, emplea términos técnicos desconocidos (interferencia semántica).

- **Resultado:** los demás no comprenden el mensaje ni la intención.
- **Solución:** se agenda una nueva reunión con mejor conexión y se explica el contenido con lenguaje accesible.

En la práctica profesional, pueden surgir desajustes entre lo que se quiere decir y lo que realmente se comunica. Reconocer estos fallos a tiempo permite reconducir la interacción y mantener la eficacia del mensaje:

Señal de incoherencia	Posible causa	Corrección asertiva
El interlocutor muestra confusión o silencio.	Exceso de tecnicismos o estructura poco clara.	Reformular con ejemplos o metáforas.
El tono es percibido como agresivo.	Estrés o emociones no controladas.	Respirar, modular voz y ritmo.
El lenguaje corporal contradice el mensaje.	Inseguridad o falta de convicción.	Ensayar posturas y gestos coherentes.
El receptor responde a otra intención.	Falta de feedback o contexto compartido.	Confirmar comprensión mediante preguntas.

Para simplificar la aplicación de esta teoría, puede emplearse el modelo de las 3 C:

1. **Claridad:** expresar ideas con orden, lenguaje preciso y ejemplos.
2. **Coherencia:** mantener alineación entre palabras, tono y gestos.
3. **Cortesía:** usar un estilo respetuoso, evitando sarcasmos o expresiones despectivas.

C	Qué implica	Ejemplo de aplicación
Claridad	Mensaje directo, sin ambigüedades.	"La reunión será el jueves a las 10:00, en la sala 3."
Coherencia	Correspondencia entre verbal y no verbal.	Decir "me alegra verte" con sonrisa sincera.
Cortesía	Mantener respeto incluso ante desacuerdos.	"Comprendo tu punto de vista; te explico por qué lo veo diferente."

Ejemplo

Un coordinador debe comunicar a un empleado que su informe presenta errores.

- **Versión incoherente:** "Tu trabajo no sirve, siempre pasa lo mismo." (tono tenso, brazos cruzados). Provoca rechazo y defensividad.
- **Versión coherente y asertiva:** "He revisado tu informe y detecté algunos puntos que necesitan corrección. Te propongo revisarlos juntos para mejorarlo." (tono calmado, postura abierta, gesto cooperativo). Transmite claridad, respeto y orientación a la solución.

En la comunicación mediada por tecnología (correo, chat, videollamada), la ausencia de lenguaje no verbal aumenta el riesgo de malinterpretaciones. A continuación, se presentan recomendaciones específicas:

- **Cuidar la redacción:** usar frases cortas, evitar ironías o ambigüedades.
- **Releer antes de enviar:** verificar tono, ortografía y destinatarios.
- **Evitar escribir en mayúsculas:** se perciben como gritos.
- **Usar emoticonos o signos moderadamente** para suavizar el tono si el contexto lo permite.
- **Confirmar recepción y comprensión:** "¿Te parece clara la propuesta?"
- **Elegir el canal adecuado:** asuntos delicados → llamada o reunión virtual.

Fig. 10. En entornos virtuales, una escritura amable, estructurada y con saludos personalizados reemplaza la expresión facial y el tono que existen en la comunicación presencial

2.1. Comunicación verbal y no verbal

La comunicación humana se expresa mediante dos grandes sistemas complementarios: la **comunicación verbal**, que utiliza el lenguaje hablado o escrito, y la comunicación no verbal, que se transmite a través de gestos, posturas, miradas, tono o expresiones faciales. Ambas dimensiones forman un conjunto integrado, de modo que el mensaje no solo se construye con palabras, sino con la forma en que se dicen, se acompañan y se interpretan.

La eficacia comunicativa no depende solo de lo que se dice, sino de cómo se dice y de cómo se percibe. En muchas situaciones, el componente no verbal transmite más información y emociones que las palabras mismas.

A. La comunicación verbal

La **comunicación verbal** es aquella que utiliza **palabras** (habladas o escritas) para expresar pensamientos, ideas, emociones o instrucciones. Permite estructurar el pensamiento y transmitir significados con precisión.

Los tipos de comunicación verbal son:

- **Oral:** se realiza a través del habla (conversaciones, reuniones, llamadas, videoconferencias).
- **Escrita:** utiliza signos gráficos (correos, informes, mensajes, documentos).

Tipo	Ventajas principales	Limitaciones
Oral	Rapidez, interacción inmediata, permite matices de voz y emoción.	No deja registro y puede olvidarse.
Escrita	Permite revisión, precisión y documentación.	Falta de tono y riesgo de interpretaciones frías.

Los elementos esenciales de la comunicación verbal son:

1. **Vocabulario y claridad:** emplear palabras comprensibles para el receptor.
2. **Estructura lógica:** introducir, desarrollar y cerrar las ideas con coherencia.

3. **Tono y ritmo:** adaptar la entonación al mensaje (un tono positivo motiva, uno monótono desanima).

4. **Adaptación al interlocutor:** usar un registro formal o informal según el contexto.

5. **Intención comunicativa:** ser consciente del propósito: informar, persuadir, explicar, motivar, etc.

En una reunión, el responsable dice: "Nuestro objetivo esta semana es reducir errores en un 10% mediante doble revisión de los informes."

Se usa un lenguaje claro, cuantificable y orientado a la acción, lo que facilita la comprensión y el compromiso.

B. La comunicación no verbal

La **comunicación no verbal** comprende todos los mensajes que se transmiten sin palabras: gestos, posturas, miradas, movimientos, tono de voz, distancia interpersonal e incluso la apariencia. A menudo es inconsciente, pero influye poderosamente en cómo se percibe al emisor y en el impacto emocional del mensaje.

Según estudios clásicos de Albert Mehrabian, en una conversación cara a cara el contenido verbal representa solo alrededor del 7% del impacto, mientras que el tono de voz y los elementos no verbales influyen en más del 90% de la impresión que genera el mensaje. Aunque estos porcentajes son orientativos, evidencian una realidad fundamental: el cuerpo habla tanto como las palabras.

Los tipos de comunicación no verbal son:

Componente	Descripción	Ejemplo práctico
Kinesia (gestos y posturas)	Movimientos corporales que refuerzan o contradicen el mensaje.	Sonreír mientras se da la bienvenida a un cliente.
Proxémica (distancia interpersonal)	Espacio físico entre interlocutores; indica confianza, autoridad o respeto.	En una reunión, acercarse ligeramente al hablar genera cercanía.
Paralingüística (tono, ritmo, pausas)	Atributos de la voz que aportan intención emocional.	Decir "entiendo" con tono cálido transmite apoyo; con tono seco, indiferencia.
Contactos físicos	Apretón de manos, palmadas o gestos de cortesía.	Dar la mano con firmeza expresa seguridad.
Expresiones faciales	Reflejan emociones de forma inmediata.	Fruncir el ceño muestra desacuerdo o preocupación.
Apariencia personal	Vestimenta, aseo, accesorios o colores comunican estatus y actitud.	Ropa formal en un entorno profesional genera confianza.

 **Saber más**

Un mismo gesto puede tener significados opuestos según el país.
Por ejemplo, el gesto de "pulgar arriba" indica aprobación en Europa, pero puede interpretarse como ofensivo en otros contextos culturales.
Por ello, la competencia intercultural es clave en la comunicación global.

Ambos tipos de comunicación se complementan. La comunicación verbal aporta contenido, mientras que la no verbal añade emoción, credibilidad y contexto.

Cuando se contradicen, las personas suelen creer más en la dimensión no verbal.

Situación	Comunicación verbal	Comunicación no verbal	Interpretación final
Persona dice: "No estoy enfadado."	Palabras tranquilas.	Brazos cruzados, ceño fruncido, tono seco.	Se percibe enfado.
Profesora dice: "Excelente trabajo."	Elogio verbal.	Sonrisa genuina y mirada positiva.	Refuerzo auténtico.
Compañero dice: "Claro, te ayudaré luego."	Frase colaborativa.	Evita la mirada y suspira.	Desinterés o falta de voluntad.

Ejemplo

Un gerente motiva al equipo diciendo: "Confío plenamente en vosotros", pero lo hace sin contacto visual y revisando su teléfono.

El mensaje pierde credibilidad porque la comunicación no verbal contradice la verbal.
Para lograr coherencia, debe acompañar la frase con tono cálido y mirada directa.

A continuación, se presentan estrategias para sincronizar ambas formas de comunicación:

1. **Alinear palabras y emociones:** expresar solo lo que se puede respaldar con gestos y tono congruentes.
2. **Regular la voz:** modular el volumen y el ritmo para mantener interés y serenidad.
3. **Practicar la escucha corporal:** observar las reacciones del interlocutor para adaptar el mensaje.
4. **Mantener una postura abierta:** evita cruzar brazos, inclina ligeramente el cuerpo hacia el otro.
5. **Mirar sin invadir:** un contacto visual equilibrado transmite respeto y atención.
6. **Sonreír con naturalidad:** suaviza tensiones y proyecta cercanía.
7. **Evitar movimientos repetitivos:** distraen y restan seguridad (mover bolígrafo, tocar el cabello, etc.).

Fig. 11. La autoconciencia corporal es un entrenamiento clave en la comunicación profesional; practicar frente al espejo o grabarse en video ayuda a detectar tics, gestos tensos o incoherencias entre palabras y emociones

Por otra parte, la **comunicación paraverbal** actúa como puente entre la verbal y la no verbal. Incluye los elementos vocales que acompañan al habla, como el tono, la velocidad, las pausas, el ritmo y la entonación.

Estos aspectos determinan en gran medida cómo se interpreta la intención del mensaje:

Elemento paraverbal	Descripción	Ejemplo y efecto
Tono de voz	Refleja el estado emocional.	Un tono suave transmite empatía; uno elevado, tensión.
Velocidad	Indica control o ansiedad.	Hablar rápido puede parecer nervioso; muy lento, inseguro.
Ritmo	Distribución de las pausas y acentos.	Pausas adecuadas permiten reflexión; exceso crea incomodidad.
Volumen	Nivel de intensidad sonora.	Un volumen medio es profesional; muy alto resulta agresivo.
Entonación	Variación melódica que da sentido.	La entonación descendente indica cierre o seguridad.

Ejemplo

Un formador explica un procedimiento con tono firme y pausas claras.
Su voz genera seguridad y confianza.
En cambio, si habla rápido, sin pausas y con tono plano, los alumnos desconectan.
La forma vocal transforma la percepción del contenido.

2.2. Barreras en la comunicación

En todo proceso comunicativo pueden aparecer barreras que dificultan la transmisión o comprensión del mensaje. Estas barreras, también llamadas interferencias o ruidos, provocan que la información llegue distorsionada, incompleta o mal interpretada.

Fig. 12. Identificar las barreras es el primer paso para mejorar la eficacia comunicativa y fortalecer las relaciones interpersonales

No siempre dependen del emisor: también pueden originarse en el receptor, en el canal o en el propio entorno.

La comunicación efectiva no consiste solo en hablar bien, sino en **anticipar los obstáculos** que pueden alterar el mensaje y **ajustar la estrategia** para mantener la comprensión y el respeto mutuo.

Las barreras de comunicación se agrupan en varias categorías según su origen: físicas, fisiológicas, psicológicas, semánticas y socioculturales.

Tipo de barrera	Descripción general	Ejemplo representativo
Física	Factores del entorno o del canal que interfieren en la transmisión del mensaje.	Ruido ambiental, mala conexión, iluminación deficiente, distancia excesiva.
Fisiológica	Limitaciones sensoriales o biológicas que afectan la recepción o emisión.	Pérdida auditiva, afonía, fatiga, falta de atención por cansancio.
Psicológica	Estados emocionales o mentales que bloquean la comunicación.	Ansiedad, miedo, prejuicios, desinterés o distracción.
Semántica	Uso inadecuado del lenguaje o de los significados.	Palabras ambiguas, tecnicismos, siglas desconocidas o ironía mal entendida.
Sociocultural	Diferencias de valores, normas o costumbres entre interlocutores.	Interpretaciones distintas del tono, los gestos o el nivel de formalidad.

Las **barreras físicas** son las más visibles y, a menudo, las más sencillas de identificar. Incluyen cualquier elemento material o ambiental que impida que el mensaje llegue correctamente.

Algunos ejemplos frecuentes son:

- Ruido en el entorno (motores, conversaciones paralelas, obras).
- Mala acústica en salas o interferencias en micrófonos.
- Problemas técnicos en llamadas o videoconferencias.
- Documentos ilegibles o conexión digital inestable.

Por su parte, varias estrategias para superarlas son las siguientes:

1. Escoger un espacio adecuado y silencioso para reuniones o llamadas.
2. Verificar la tecnología antes de presentaciones o videollamadas.
3. Asegurar que los mensajes escritos sean legibles y bien estructurados.
4. Repetir o confirmar información si la conexión o el sonido fallan.

Ejemplo

Durante una reunión en línea, la conexión de audio falla. El emisor decide resumir por chat los puntos clave y confirmar la recepción con el equipo.

Se neutraliza la barrera física mediante un canal alternativo.

Por su parte, las **barreras fisiológicas** se producen cuando existen **limitaciones físicas o sensoriales** que impiden emitir o recibir correctamente el mensaje.

Algunos ejemplos típicos son:

- Fatiga, estrés o somnolencia.
- Afonía, tartamudez o dificultades del habla.
- Problemas auditivos o visuales.
- Sobrecarga de trabajo que disminuye la atención.

¿Cómo prevenirlas o mitigarlas?

- Adaptar el ritmo y el tono de voz al interlocutor.
- Incorporar materiales visuales o subtítulos en entornos formativos.
- Favorecer descansos en reuniones largas.
- Mostrar empatía y paciencia ante las limitaciones ajenas.

Fig. 13. En entornos inclusivos, las adaptaciones comunicativas (subtítulos, intérpretes de lengua de signos, texto alternativo en documentos, etc.) favorecen la igualdad de participación

Por otro lado, las barreras psicológicas son las más frecuentes y, al mismo tiempo, las más difíciles de detectar. Se relacionan con el **estado emocional, las creencias y las actitudes** del emisor o receptor. Estas barreras modifican la percepción del mensaje o predisponen a interpretarlo de forma negativa.

Causa psicológica	Efecto sobre la comunicación	Ejemplo
Ansiedad o estrés	Reduce la atención y provoca respuestas impulsivas.	Una persona nerviosa interrumpe antes de comprender.
Miedo o inseguridad	Inhibe la expresión o genera titubeos.	Un empleado evita preguntar por temor a parecer incompetente.
Prejuicios o estereotipos	Distorsionan la interpretación del mensaje.	Se desconfía de una propuesta solo por el cargo del emisor.
Exceso de confianza	Minimiza la escucha o genera malentendidos.	"Ya sé lo que va a decir" → se interrumpe antes de oír.
Falta de empatía	Dificulta la comprensión emocional del otro.	No se percibe el malestar o la frustración del interlocutor.

Algunas estrategias de superación son:

- Tomar conciencia del propio estado emocional antes de comunicar.
- Practicar la escucha activa y empática.
- Evitar suposiciones; confirmar información antes de responder.
- Crear un clima de confianza y respeto mutuo.

Fig. 14. La inteligencia emocional permite identificar emociones (propias y ajenas) y regularlas antes de responder; en contextos laborales, esto mejora la cooperación y reduce los conflictos

Las **barreras semánticas** surgen cuando las palabras o expresiones no son comprendidas del mismo modo por el emisor y el receptor. Aunque ambos hablen el mismo idioma, pueden asignar significados diferentes a una misma palabra.

Algunos ejemplos comunes son:

- Uso de jerga técnica: "Debemos optimizar el throughput del sistema."
- Ambigüedad: "Hazlo pronto" (¿minutos, horas, días?).
- Ironía o sarcasmo en entornos donde no se percibe el tono.
- Diferencias generacionales o regionales en el lenguaje.

¿Cómo evitarlas?

1. Explicar términos técnicos o siglas la primera vez que se mencionan.
2. Usar ejemplos concretos para ilustrar conceptos abstractos.
3. Verificar la comprensión mediante preguntas: "¿Esto se entiende bien así?"
4. Evitar ironías o dobles sentidos, especialmente en mensajes escritos.

 Ejemplo

En un correo, un jefe escribe: "Necesito el informe cuanto antes."

El empleado lo interpreta como "hoy mismo", mientras que el jefe esperaba "a lo largo de la semana".

Resultado: estrés innecesario y descoordinación.
Solución: especificar plazos ("Necesito el informe el jueves antes de las 14:00.").

Por último, las barreras socioculturales derivan de las diferencias culturales, sociales o educativas entre los interlocutores. Cada cultura define sus **normas de cortesía, expresividad y jerarquía**, lo que puede generar malentendidos incluso cuando el idioma es común.

Origen de la diferencia	Posible barrera	Estrategia de superación
Idioma o acento	Dificultad para comprender o ser comprendido.	Hablar despacio, confirmar entendimiento, evitar modismos.
Valores y creencias	Juicios o conflictos éticos.	Mantener neutralidad y respeto.
Costumbres sociales	Gestos o distancias interpretadas de forma diferente.	Observar y adaptarse al contexto.
Nivel educativo o profesional	Diferencias en vocabulario o expectativas.	Usar lenguaje inclusivo y accesible.

Ejemplo

En una reunión internacional, un participante evita el contacto visual por respeto; otro lo interpreta como falta de interés.
Conocer las normas culturales evita juicios erróneos y favorece la empatía.

Finalmente, las siguientes estrategias se aplican a cualquier tipo de obstáculo comunicativo:

- **Asegurar condiciones adecuadas:** entorno tranquilo, tiempo suficiente, tecnología funcional.
- **Cuidar la claridad del mensaje:** usar frases cortas, ejemplos y lenguaje comprensible.
- **Confirmar la comprensión:** emplear el feedback como verificación ("¿Podrías resumir cómo lo has entendido?").
- **Controlar las emociones:** mantener serenidad, empatía y respeto.
- **Adaptar el mensaje al receptor:** considerar nivel cultural, experiencia y contexto emocional.
- **Observar señales no verbales:** detectar confusión, tensión o desinterés.
- **Fomentar la retroalimentación bidireccional:** permitir que el otro también exprese dudas o percepciones.

Fig. 15. Las organizaciones que forman a su personal en habilidades comunicativas y escucha empática reducen errores, conflictos internos y pérdidas de productividad derivadas de malentendidos

 Ejemplo

Una gerente comunica por correo electrónico un cambio importante de política interna. El mensaje contiene tecnicismos, tono impersonal y se envía un viernes por la tarde.

Barreras presentes:

- Semántica: lenguaje técnico no explicado.
- Psicológica: falta de empatía en la redacción.
- Física: momento inadecuado (fin de jornada).

Consecuencias: El equipo interpreta el mensaje como una imposición y muestra resistencia.

Versión mejorada:
"Hola equipo, el lunes implementaremos un nuevo protocolo para agilizar los procesos de revisión. Os adjunto una guía con ejemplos. Si alguien tiene dudas, abriremos un breve encuentro el martes a las 9:00 para resolverlas juntos."

Se reducen barreras y se promueve claridad, empatía y participación.

2.3. Estilos de respuesta en la comunicación verbal

Cada persona se comunica según **su estilo de respuesta**, es decir, la forma habitual en que expresa sus pensamientos, emociones o desacuerdos ante los demás. Estos estilos se desarrollan a lo largo de la vida y reflejan la manera en que se equilibran las propias necesidades con el respeto hacia los otros.

Fig. 16. El estilo de respuesta condiciona el resultado de la comunicación: la asertividad es el punto de equilibrio entre el silencio pasivo y la agresividad verbal

Existen tres grandes estilos básicos —pasivo, agresivo y asertivo— a los que algunos autores añaden el manipulador o pasivo-agresivo.

A continuación, se analizan sus características, ventajas y desventajas, junto con ejemplos que facilitan su comprensión:

Estilo comunicativo	Descripción general	Características verbales y no verbales	Ejemplo típico
Pasivo	Prioriza las necesidades de los demás y evita el conflicto.	Habla suave, tono inseguro, frases con disculpas o dudas ("si no es molestia…").	Aceptar tareas que no se pueden cumplir por miedo a decir "no".
Agresivo	Impone las propias ideas sin considerar las de los demás.	Tono alto, interrupciones, críticas, juicios, gestos invasivos.	"Eso está mal, te lo dije mil veces."
Asertivo	Expresa ideas y emociones con respeto y claridad, buscando acuerdos.	Tono firme, contacto visual equilibrado, lenguaje claro y propositivo.	"No puedo quedarme hoy, pero puedo ayudarte mañana a primera hora."
Pasivo-agresivo (manipulador)	Evita el enfrentamiento directo, pero expresa el desacuerdo mediante ironías o sabotaje.	Frases ambiguas, sarcasmo, silencios prolongados, expresiones de resentimiento.	"Claro, como tú siempre sabes lo que es mejor."

El estilo asertivo, considerado el más eficaz en la comunicación interpersonal, se apoya en tres componentes principales:

Componente	Descripción	Aplicación práctica
Cognitivo (pensar)	Reconocer los propios derechos y los de los demás.	"Tengo derecho a expresar mi opinión sin ofender."
Emocional (sentir)	Regular las emociones y empatizar con el interlocutor.	Controlar la ira o el miedo antes de responder.
Conductual (actuar)	Expresar el mensaje con claridad, calma y coherencia.	Usar frases directas: "Prefiero hacerlo de otra forma."

 **Saber más**

Derechos asertivos universales:

- Derecho a decir no sin sentirse culpable.
- Derecho a pedir y rechazar peticiones.
- Derecho a expresar emociones.
- Derecho a cometer errores y aprender.
- Derecho a cambiar de opinión.
- Derecho a ser tratado con respeto.

Para mantener una comunicación equilibrada, se pueden aplicar técnicas específicas que fortalecen el estilo asertivo en distintas situaciones:

Técnica	Objetivo	Ejemplo de uso
Disco rayado	Repetir calmadamente un mismo argumento ante presiones o insistencias.	"Entiendo tu urgencia, pero hoy no puedo. Lo revisaré mañana."
Banco de niebla	Aceptar parcialmente la crítica sin perder el punto de vista propio.	"Puede que tengas razón en que tardé más, pero quise asegurarme de que quedara bien."
Aplazamiento asertivo	Pedir tiempo para responder sin ceder a la presión inmediata.	"Prefiero pensarlo antes de darte una respuesta."
Mensaje "yo"	Expresar cómo afecta una situación desde la propia perspectiva.	"Me siento molesto cuando se interrumpe mientras hablo, porque pierdo el hilo."
Acuerdo viable	Ofrecer una alternativa o solución realista.	"No puedo reunirme hoy, pero puedo hacerlo mañana a las 10."

Ejemplo

Una supervisora solicita cambiar un turno sin previo aviso.

El empleado responde: "Entiendo que necesitas cubrir el horario, pero tengo un compromiso personal. Si mañana sigue siendo necesario, puedo adelantar mi entrada."

Se mantiene el respeto y la colaboración sin renunciar a los propios límites.

El siguiente cuadro resume cómo identificar los estilos comunicativos en función de la forma verbal, actitud y consecuencias relacionales:

Indicadores	Pasivo	Agresivo	Asertivo
Tono de voz	Bajo, titubeante.	Alto, dominante.	Firme y calmado.
Lenguaje corporal	Mirada baja, postura encogida.	Invasivo, gestos bruscos.	Postura abierta, mirada directa.
Mensajes típicos	"No importa...", "como quieras."	"Haz lo que digo."	"Propongo que...", "me gustaría...".
Consecuencias	Resentimiento, falta de respeto.	Rechazo, tensión.	Respeto mutuo, acuerdos claros.

Anotación

La autoobservación es fundamental para detectar el estilo propio. Muchas personas creen ser asertivas cuando, en realidad, su tono o lenguaje corporal refleja agresividad o pasividad encubierta.

Aunque el estilo asertivo es el más recomendable, no existe un único modo válido para todas las situaciones. Es importante adaptar el estilo a las características del entorno y del interlocutor.

Contexto	Estilo predominante	Recomendación
Trabajo en equipo	Asertivo.	Favorece la cooperación y el respeto.
Gestión de conflictos	Asertivo con empatía.	Escucha activa y búsqueda de acuerdos.
Atención al público o clientes	Asertivo y empático.	Combinar cortesía con firmeza.
Negociación	Asertivo estratégico.	Defender intereses sin agresividad.
Jerarquía superior	Asertivo y prudente.	Expresar opiniones con respeto formal.

 Ejemplo

Un empleado recibe una crítica del superior.

- **Respuesta pasiva:** "Sí, lo haré mejor" (sin expresar punto de vista).
- **Respuesta agresiva:** "Eso no es cierto, no tienes razón."
- **Respuesta asertiva:** "Comprendo tu comentario. Coincido en parte, aunque creo que hubo factores externos que influyeron."

Solo la última opción mantiene respeto y credibilidad.

2.4. Opiniones, aclaraciones o peticiones

En la comunicación interpersonal y profesional, expresar opiniones, realizar aclaraciones o formular peticiones son actos cotidianos que requieren habilidad, respeto y coherencia emocional. Estas acciones, si se gestionan correctamente, mejoran la comprensión mutua y fortalecen la confianza entre las partes; si se ejecutan con torpeza, pueden generar malentendidos, conflictos o bloqueos.

Saber opinar, aclarar y pedir no es solo una cuestión de cortesía: es una competencia comunicativa esencial que diferencia la comunicación reactiva de la comunicación asertiva y efectiva.

A. Expresión de opiniones

Opinar implica exponer un punto de vista personal sobre un tema, sin imponerlo. La asertividad es el eje central de esta habilidad, ya que permite expresar ideas sin agredir ni someterse.

Fig. 17. Una opinión bien comunicada abre el diálogo; una mal expresada, lo cierra

Algunas estrategias para expresar opiniones de forma asertiva son las siguientes:

1. **Basarse en hechos, no en juicios.** Evitar etiquetas ("Eres desorganizado") y centrarse en conductas observables ("La entrega llegó después del plazo acordado").
2. **Usar el lenguaje en primera persona ("yo pienso", "yo creo").** Muestra responsabilidad personal y evita generalizaciones.
3. **Acompañar la opinión con razones o ejemplos.** Facilita la comprensión y reduce la confrontación.
4. **Respetar el turno de palabra.** No interrumpir y esperar la oportunidad para hablar.
5. **Aceptar la diferencia.** Reconocer que las opiniones ajenas no son amenazas, sino aportaciones.

Se exponen algunos ejemplos:

Comunicación no asertiva	Comunicación asertiva
"Eso es una tontería."	"Yo lo veo diferente, creo que podríamos probar otro enfoque."
"Siempre haces lo mismo."	"En este caso concreto, creo que habría funcionado mejor si…"
"Tu idea no sirve."	"No estoy de acuerdo con esa opción, por esta razón…"

Ejemplo

En una reunión de equipo, alguien propone un cambio de software.
Una respuesta asertiva sería:
"Valoro la propuesta, aunque me preocupa el coste de transición. Tal vez podríamos analizar alternativas con un periodo de prueba."
La opinión se expresa con respeto, argumentación y apertura.

Las opiniones asertivas se centran en los problemas, no en las personas. Esto evita que el interlocutor se sienta atacado y favorece el debate constructivo.

B. Solicitud de aclaraciones

Pedir aclaraciones es una forma de **escucha activa,** ya que demuestra interés real por comprender antes de responder. Formular preguntas de manera adecuada evita malinterpretaciones y refuerza la precisión del mensaje.

Las reglas básicas para pedir aclaraciones eficazmente son:

1. **Evitar suposiciones:** no interpretar lo que no se ha dicho.
2. **Usar preguntas abiertas** para ampliar la información ("¿Podrías explicarme cómo afectaría ese cambio?").
3. **Utilizar preguntas cerradas** para confirmar datos concretos ("¿La reunión será el lunes a las 10:00?").
4. **Parafrasear lo escuchado** para verificar comprensión ("Entonces, ¿entendí bien que el plazo se amplía una semana?").
5. **Mantener tono neutro y actitud cooperativa.**

Se exponen ejemplos:

Preguntas inadecuadas	Preguntas asertivas
"¿Por qué lo hiciste así?" (puede sonar a reproche)	"¿Podrías contarme qué te llevó a elegir ese método?"
"No entiendo nada de lo que dices."	"¿Podrías explicarlo de otra manera?"
"¿No ves que eso está mal?"	"¿Podemos revisar juntos esa parte para entenderla mejor?"

Durante una videollamada, el responsable menciona: "El proyecto se moverá al siguiente trimestre."

En lugar de asumir, el interlocutor pregunta:

- "¿Te refieres a aplazar el inicio o a extender la ejecución?"
- Se evita confusión y se obtiene una respuesta precisa.

C. Formulación de peticiones

Pedir de forma adecuada es una de las habilidades más útiles en la comunicación asertiva. Una petición asertiva expresa una necesidad concreta sin exigencias ni indirectas, de modo que el interlocutor entienda, valore y responda libremente.

Antes de presentar los pasos, conviene recordar que pedir no es exigir, y que hacerlo con respeto aumenta la probabilidad de obtener una respuesta favorable.

Los pasos para realizar peticiones efectivas son:

1. **Identificar la necesidad real.** Reflexionar antes de pedir para evitar peticiones impulsivas.
2. **Formular con claridad y concreción.** Indicar qué se solicita, cuándo y con qué finalidad.
3. **Usar un tono amable y respetuoso.** Evitar órdenes o imposiciones.
4. **Explicar el beneficio o motivo.** Ayuda a que el interlocutor entienda el contexto y se implique.

5. **Aceptar la posibilidad de un "no".** Mantener la serenidad ante respuestas negativas.

Se exponen ejemplos:

Peticiones ineficaces	Peticiones asertivas
"¿Podrías ayudarme alguna vez?"	"¿Podrías revisar este informe antes del jueves?"
"Hazlo rápido, por favor."	"¿Sería posible tenerlo listo hoy antes de las 17:00?"
"Necesito que te comprometas más."	"¿Podrías asumir la coordinación del grupo en el próximo proyecto?"

Un empleado necesita apoyo técnico:
"Carlos, necesito tu ayuda con la actualización del sistema. ¿Tendrías un momento esta tarde para revisarlo conmigo?"
Petición directa, específica y respetuosa.

Las peticiones vagas o emocionales ("me gustaría que me entendieras más") suelen generar frustración. En cambio, las peticiones **observables y medibles** facilitan el compromiso.

D. Cómo responder a opiniones o peticiones de otros

La comunicación efectiva también implica **saber recibir y responder** a las opiniones o solicitudes de los demás. Responder adecuadamente fortalece el respeto mutuo y evita conflictos innecesarios.

Situación	Respuesta ineficaz	Respuesta asertiva
Opinión contraria	"Eso no tiene sentido."	"No lo veo igual, pero entiendo tu punto."
Petición difícil de aceptar	"No puedo, y punto."	"Ahora mismo no puedo asumirlo, pero busquemos otra alternativa."
Crítica directa	"Tú tampoco lo haces bien."	"Agradezco tu comentario; revisaré esa parte."

Anotación

La clave está en mantener la calma, validar la intención del otro y ofrecer alternativas realistas. Rechazar una petición o disentir no debe implicar confrontación, sino explicación razonada.

A continuación, se presentan tres técnicas útiles para reforzar estos actos comunicativos:

Técnica	Objetivo principal	Aplicación práctica
Mensaje "yo"	Expresar emociones o percepciones sin culpar.	"Me preocupa no tener toda la información para tomar la decisión."
Reformulación	Asegurar comprensión y mostrar escucha activa.	"Entonces, ¿quieres que revise el presupuesto antes del viernes?"
Asertividad empática	Defender una postura sin invalidar la del otro.	"Entiendo tu punto, aunque desde mi posición necesito priorizar otros aspectos."

Ejemplo

Un compañero propone cambiar un método de trabajo.

Respuesta empática: "Comprendo tu propuesta; sin embargo, el equipo ya está adaptado al formato actual. Quizá podríamos probar tu idea en el siguiente proyecto."
Se mantiene apertura y respeto, sin comprometer la organización actual.

Por último, conviene resaltar algunos errores frecuentes al opinar o pedir:

Error común	Consecuencia	Corrección recomendada
Usar juicios personales ("siempre haces lo mismo").	Provoca rechazo o defensa.	Describir hechos concretos ("en esta ocasión el informe se entregó tarde").
No expresar la necesidad real.	Confusión y frustración.	Especificar claramente lo que se solicita.
Formular preguntas con tono acusador.	Genera resistencia.	Reformular en tono neutral y curioso.
Pedir con excesiva justificación.	Transmite inseguridad.	Ser directo pero educado.
No escuchar la respuesta.	Bloquea la comunicación.	Dar espacio para responder y confirmar comprensión.

Fig. 18. Saber opinar, aclarar y pedir de forma asertiva es una competencia esencial para la comunicación efectiva; requiere equilibrio entre autenticidad y respeto, claridad en el mensaje y empatía en la forma

Aplicando técnicas como el **mensaje en primera persona**, la **reformulación** o la **asertividad empática**, se fortalecen la comprensión mutua, la cooperación y la confianza, tanto en el ámbito personal como profesional.

Resumen

La comunicación asertiva y efectiva constituye una de las competencias fundamentales para la convivencia y la colaboración en cualquier entorno social o profesional. Comunicar no es solo hablar, sino transmitir ideas, emociones y necesidades de forma clara, respetuosa y empática. La eficacia comunicativa se basa en la capacidad para adaptar el mensaje al interlocutor, mantener coherencia entre lo que se dice y lo que se muestra, y anticipar posibles interferencias que dificulten la comprensión.

El proceso comunicativo se compone de elementos básicos —emisor, receptor, mensaje, canal, código, contexto y retroalimentación—, que deben funcionar de manera armónica para que la información se transmita correctamente. Una comunicación es efectiva cuando el receptor comprende el mensaje en su sentido original y se produce una respuesta coherente. La escucha activa y empática es un componente esencial: implica atención plena, interpretación emocional y feedback constructivo. Escuchar activamente no es permanecer en silencio, sino demostrar interés y comprensión mediante técnicas como el parafraseo, el resumen o las preguntas aclaratorias.

La ejecución coherente del mensaje requiere armonía entre la dimensión verbal, paraverbal y no verbal. Las palabras transmiten el contenido, pero el tono, el ritmo y los gestos aportan la intención y la emoción. Cuando existe contradicción entre ambos planos, las personas tienden a creer en las señales no verbales. La coherencia comunicativa se logra cuando lo que se dice, cómo se dice y lo que se muestra corporalmente coinciden, generando credibilidad y confianza. Sin embargo, este proceso puede verse afectado por interferencias o barreras: físicas (ruidos, entorno), fisiológicas (fatiga, problemas sensoriales), psicológicas (miedo, ansiedad, prejuicios), semánticas (uso de tecnicismos o ambigüedades) o socioculturales (diferencias de valores, normas o costumbres).

Dentro de la comunicación humana, la dimensión verbal (oral y escrita) permite estructurar y transmitir ideas mediante el lenguaje, mientras que la comunicación no verbal expresa emociones y actitudes a través de gestos, miradas, posturas o proximidad. A su vez, la comunicación paraverbal —tono, volumen y ritmo de voz—

actúa como puente entre ambas, determinando la forma en que se interpreta el mensaje. La integración coherente de estos tres niveles constituye la base de la efectividad comunicativa.

En el plano de las relaciones interpersonales, los individuos suelen adoptar distintos estilos de comunicación: pasivo, agresivo, pasivo-agresivo o asertivo. El estilo pasivo se caracteriza por la evitación del conflicto y la falta de expresión personal; el agresivo impone las ideas sin respetar las ajenas; el pasivo-agresivo recurre a la ironía o al sabotaje indirecto. En cambio, el estilo asertivo combina firmeza y empatía, permitiendo defender los propios derechos sin vulnerar los de los demás. Este estilo se refuerza con técnicas como el disco rayado, el banco de niebla, el mensaje "yo" o el aplazamiento asertivo.

Asimismo, la capacidad para expresar opiniones, pedir aclaraciones y formular peticiones de forma adecuada es una muestra de madurez comunicativa. Opinar con respeto implica argumentar desde la experiencia personal sin descalificar; pedir aclaraciones con preguntas abiertas demuestra escucha e interés; y realizar peticiones asertivas supone expresar necesidades concretas con cortesía y sin exigencia. Estas habilidades mejoran la comprensión mutua, previenen conflictos y promueven la cooperación.

En síntesis, la comunicación asertiva y efectiva se sustenta en tres pilares: claridad, coherencia y respeto. Una persona comunicativamente competente sabe qué decir, cómo decirlo y cuándo decirlo, comprendiendo tanto sus propias emociones como las del interlocutor. Aplicar estas habilidades en el entorno personal o profesional permite fortalecer los vínculos, aumentar la eficiencia y construir relaciones basadas en la confianza, la empatía y la comprensión mutua.

Glosario

Asertividad

Capacidad de expresar pensamientos, emociones y necesidades de manera clara, directa y respetuosa, manteniendo un equilibrio entre los propios derechos y los de los demás.

Banco de niebla

Estrategia comunicativa que acepta parcialmente una crítica sin perder la propia posición, reduciendo la confrontación.

Barreras de comunicación

Factores o interferencias que impiden o distorsionan la transmisión del mensaje. Pueden ser físicas, fisiológicas, psicológicas, semánticas o socioculturales.

Canal

Medio físico o digital por el cual se transmite el mensaje (voz, papel, correo electrónico, videollamada, etc.).

Código

Sistema de signos y reglas compartidas por emisor y receptor que permite codificar y decodificar el mensaje (lengua, símbolos, gestos).

Comunicación efectiva

Intercambio de información en el que el mensaje es comprendido correctamente por el receptor y produce la respuesta deseada por el emisor.

Comunicación empática

Forma de comunicación que combina comprensión emocional y respeto hacia la perspectiva del otro, buscando crear vínculos positivos.

Comunicación intercultural

Intercambio comunicativo entre personas de diferentes culturas, en el que deben respetarse las diferencias lingüísticas y gestuales.

Comunicación paraverbal

Conjunto de elementos vocales que acompañan al habla, como el tono, volumen, ritmo o pausas, que aportan significado emocional al mensaje.

Contexto

Conjunto de circunstancias o entorno en el que ocurre la comunicación (lugar, tiempo, relación entre interlocutores, situación emocional, etc.).

Disco rayado

Técnica asertiva que consiste en repetir calmadamente el mismo argumento o petición ante la insistencia del interlocutor, sin entrar en conflicto.

Emisor

Persona o entidad que produce y transmite un mensaje a través de un canal determinado.

Escucha activa

Técnica comunicativa que consiste en prestar atención consciente y empática al interlocutor, mostrando comprensión mediante gestos, palabras o preguntas.

Escucha empática

Nivel profundo de escucha que busca comprender las emociones, motivaciones y perspectivas del otro sin juzgar ni interrumpir.

Estilos de comunicación

Formas características en que una persona se relaciona verbalmente con los demás. Los principales son: pasivo, agresivo, pasivo-agresivo y asertivo.

Feedback (retroalimentación)
Respuesta que el receptor ofrece al emisor para confirmar que ha comprendido el mensaje y que la comunicación ha sido efectiva.

Feedback constructivo
Tipo de retroalimentación orientada a la mejora, que señala aspectos positivos y ofrece sugerencias específicas sin descalificar.

Kinesia
Estudio de los movimientos corporales, gestos y expresiones que acompañan al lenguaje verbal.

Mensaje "yo"
Técnica asertiva para expresar sentimientos o necesidades desde la propia experiencia, evitando culpar o juzgar al interlocutor.

Mensaje
Contenido o información que se desea transmitir en el proceso comunicativo.

Parafraseo
Reformulación del mensaje del interlocutor con las propias palabras para confirmar comprensión y demostrar atención.

Petición asertiva
Solicitud formulada de manera directa, respetuosa y concreta, sin exigencias ni ambigüedades.

Proxémica
Dimensión de la comunicación no verbal que analiza la distancia física y el uso del espacio entre interlocutores.

Receptor
Persona o grupo que recibe, interpreta y responde al mensaje emitido.

Reformulación

Repetición o resumen del mensaje del interlocutor para comprobar la interpretación y demostrar escucha.

Retroalimentación emocional

Respuesta que refleja comprensión tanto del contenido como del sentimiento del interlocutor.

Ejercicios de autoevaluación

1. **¿Qué caracteriza principalmente a la comunicación asertiva?**

   a. La evitación del conflicto.

   b. La imposición del propio punto de vista.

   c. La expresión clara y respetuosa de ideas y emociones.

   d. La adaptación a cualquier opinión ajena.

2. **¿Qué elemento pertenece al proceso básico de la comunicación?**

   a. Emisor.

   b. Intención emocional.

   c. Juicio de valor.

   d. Decodificador simbólico.

3. **Cuando una persona transmite un mensaje sin coherencia entre lo que dice y lo que expresa con su cuerpo, se produce:**

   a. Un *feedback* positivo.

   b. Una escucha empática.

   c. Una incoherencia comunicativa.

   d. Una clarificación efectiva.

4. **¿Cuál de los siguientes comportamientos favorece la escucha activa?**

   a. Interrumpir para aclarar la propia postura.

   b. Mantener silencio sin mostrar interés.

   c. Emitir juicios mientras se escucha.

   d. Parafrasear y resumir lo que el interlocutor ha dicho.

5. ¿Qué se entiende por *feedback* en comunicación?

   a. El momento de inicio del diálogo.
   b. La respuesta o retroalimentación del receptor al emisor.
   c. El contexto en que se produce el mensaje.
   d. El uso de un código común.

6. ¿Cuál es una barrera semántica típica?

   a. Ruidos en la sala.
   b. Falta de atención.
   c. Uso de tecnicismos o palabras ambiguas.
   d. Estados emocionales negativos.

7. Una persona que evita expresar su opinión para no causar conflicto está utilizando un estilo:

   a. Agresivo.
   b. Asertivo.
   c. Manipulador.
   d. Pasivo.

8. ¿Cuál de las siguientes afirmaciones refleja una respuesta asertiva ante una crítica?

   a. "Eso no es verdad, tú tampoco haces las cosas bien."
   b. "Agradezco tu comentario, revisaré ese punto para mejorarlo."
   c. "Ya me imaginaba que te quejarías."
   d. "Mejor no discutamos, da igual."

9. En la comunicación no verbal, el término "proxémica" se refiere a:

a. El tono y volumen de voz.

b. La distancia interpersonal entre interlocutores.

c. Los movimientos de manos.

d. Las expresiones faciales.

10.¿Cuál de las siguientes frases utiliza un "mensaje yo"?

a. "Me siento frustrado cuando no recibo la información a tiempo."

b. "Siempre haces lo mismo."

c. "No te das cuenta del problema."

d. "Deberías organizarte mejor."

Módulo 2. Psicología del interlocutor

Introducción

La comunicación interpersonal no depende únicamente de las palabras que se utilizan, sino también del conocimiento y comprensión de la psicología del interlocutor. Cada persona interpreta los mensajes de acuerdo con su historia, sus emociones, su contexto y sus expectativas. Por ello, la efectividad comunicativa exige no solo transmitir información, sino también comprender las necesidades emocionales y cognitivas del otro.

En este sentido, la psicología aplicada a la comunicación permite identificar patrones de comportamiento, reacciones emocionales y estilos comunicativos que influyen directamente en la calidad de las relaciones interpersonales, tanto en el ámbito personal como profesional. Conocer al interlocutor implica atender a sus emociones, lenguaje no verbal y tono de voz, así como adaptar el propio mensaje para lograr una interacción empática y equilibrada.

Además, la gestión emocional desempeña un papel crucial. El control de las emociones —propias y ajenas— ayuda a mantener el diálogo en situaciones de conflicto, evitando respuestas impulsivas o malinterpretaciones. La empatía y la autorregulación emocional fortalecen la confianza mutua y favorecen la resolución constructiva de desacuerdos.

Este módulo, por tanto, profundiza en el componente humano de la comunicación, explorando las emociones en el proceso comunicativo, las técnicas de comunicación empática y las estrategias para mantener el control emocional ante situaciones tensas o complejas. Se busca desarrollar la sensibilidad psicológica necesaria para establecer relaciones más efectivas, respetuosas y auténticas.

Objetivos

- Analizar la psicología del interlocutor para adaptar el estilo comunicativo a las características y necesidades de cada persona.
- Identificar el papel de las emociones en los procesos comunicativos, comprendiendo su influencia en la percepción y respuesta del mensaje.
- Aplicar técnicas de comunicación empática, favoreciendo la comprensión mutua y la conexión emocional entre las partes.
- Gestionar y controlar las propias emociones en contextos de conflicto o tensión, evitando conductas reactivas y fomentando la serenidad.
- Desarrollar habilidades de observación y escucha emocional, interpretando adecuadamente los mensajes no verbales del interlocutor.
- Integrar estrategias psicológicas en la comunicación profesional, contribuyendo a relaciones interpersonales más efectivas, respetuosas y equilibradas.

1. Aplicación de la psicología del interlocutor en la comunicación

La **psicología del interlocutor** alude al conjunto de procesos cognitivos, emocionales y sociales que condicionan cómo una persona percibe, interpreta y responde a un mensaje. Entender este "mapa interno" no significa etiquetar a quien escucha, sino ajustar la comunicación para que el significado que se pretende transmitir se acerque al significado que el interlocutor efectivamente recibe. Así, el foco no está solo en "lo que se dice", sino en cómo lo recibe quien lo escucha, bajo qué expectativas, en qué contexto y con qué estado emocional.

Anotación

Trabajar con la psicología del interlocutor no es "convencer a toda costa", sino comunicar con respeto, claridad y adecuación. El objetivo es reducir malentendidos y favorecer decisiones y relaciones más informadas.

Para comprender el papel del interlocutor, es útil delimitar **qué se pretende** y **hasta dónde** conviene llegar en el análisis. El propósito del análisis del interlocutor se basa en:

- **Anticipar barreras** (lingüísticas, cognitivas, emocionales, culturales) que puedan distorsionar el mensaje;
- **Ajustar el encuadre** del mensaje (secuencia, ejemplos, nivel de detalle, tono) al **nivel de conocimiento** y **metas** del interlocutor;
- **Cuidar el clima relacional** para reducir reactividad y facilitar la cooperación.

Por otro lado, con respecto al alcance de este análisis en un entorno profesional:

- Se centra en señales observables (conducta verbal, paraverbal y no verbal), marcos de referencia explícitos (objetivos, intereses) y condiciones contextuales (rol, tiempo, canal).
- Evita inferencias clínicas o juicios personales.
- Mantiene criterios éticos: confidencialidad, no manipulación y respeto a la autonomía.

Ejemplo

En una reunión con clientes técnicos, el propósito es averiguar nivel de conocimiento y criterios de decisión para ajustar el lenguaje. El alcance se limita a lo observable: preguntas que formulan, precisión terminológica, tolerancia al detalle y reacciones ante la incertidumbre.

Sin entrar todavía en teorías específicas ni en técnicas concretas (que se desarrollarán más adelante), conviene reconocer qué grandes componentes suelen guiar la recepción de un mensaje.

Los componentes cognitivos más relevantes son:

- **Percepción**: selección de estímulos y focos de **atención**;
- **Memoria**: lo que el interlocutor recuerda condiciona la **interpretación**;
- **Sesgos cognitivos** (p. ej., **confirmación, anclaje**): atajos mentales que pueden favorecer malentendidos si no se contemplan.

Por su parte, los componentes afectivo-motivacionales son:

- **Estado emocional** (serenidad, frustración, temor) que regula la **apertura** al diálogo;
- **Motivaciones y metas** (lograr rapidez, minimizar riesgos, cuidar relaciones);
- **Autoconcepto** y **autoeficacia** (percepción de competencia) que influyen en la participación.

Con respecto a los componentes socioculturales y de rol, destacan:

- **Normas culturales** (formalidad, gestión del silencio, contacto visual);
- **Roles y poder** (estatutario o situacional) que modulan turnos y asimetrías;
- **Expectativas del canal** (presencial, teléfono, videollamada) y del **tiempo disponible**.

Saber más

Los sesgos cognitivos no son "errores" intencionales, sino atajos de procesamiento. Identificar cuáles podrían activarse en una interacción ayuda a estructurar el mensaje (orden de argumentos, ejemplos, anclajes numéricos) de forma más clara y responsable.

Las mismas palabras pueden tener efectos opuestos según el **contexto** y la **relación** entre las partes. En este sentido, factores contextuales frecuentes son:

- **Urgencia**: menos tolerancia al detalle y mayor preferencia por **síntesis**;
- **Complejidad del tema**: necesidad de **andamiaje** (definiciones, metáforas, ejemplos);
- **Entorno físico/digital**: distractores, calidad del audio/video, privacidad.

Por su parte, factores relacionales serían:

- **Historia previa** (confianza, conflictos, acuerdos);
- **Simetría o asimetría** de conocimiento y poder;
- **Normas del grupo** (qué se considera apropiado, cómo se toman decisiones).

Fig. 1. El clima relacional (seguridad psicológica, respeto, previsibilidad) es un multiplicador del entendimiento; un buen contenido en un mal clima se percibe peor

Algunas señales que orientan el ajuste del mensaje son:

- **Señales verbales**: dudas recurrentes sobre los mismos conceptos, peticiones de ejemplos, cambios bruscos de tema, verbalizaciones de objeción ("no lo veo claro").
- **Señales paraverbales**: velocidad de habla, pausas, énfasis, volumen.
- **Señales no verbales**: postura (cierre/apertura), contacto ocular, microgestos de tensión (mandíbula, manos).

Si un interlocutor acelera el ritmo y eleva el volumen al tratar un punto, podría estar señalando importancia o estrés. Conviene reconocer esa señal y modular la exposición (estructura, tempo, síntesis).

Con el fin de prevenir errores habituales, se presentan **cinco riesgos** recurrentes y su consecuencia típica:

- **Suposición de conocimiento** → tecnicismos no compartidos, **pérdida de seguimiento**.
- **Negación del estado emocional** → aumento de **reactividad** y resistencia.
- **Ignorar el rol y poder** → participación desigual, **silencios estratégicos**.
- **Desconexión cultural** → interpretaciones erróneas de **cortesía** o **disenso**.
- **Desajuste de canal/tiempo** → exceso de detalle en contexto **urgente** o viceversa.

La consideración psicológica del interlocutor debe sostenerse sobre principios éticos:

1. **Adecuación**: ajustar el mensaje sin falsear información ni crear dependencia;
2. **Transparencia**: evitar ambigüedades intencionadas y **explicitar supuestos** relevantes;
3. **Respeto**: no instrumentalizar vulnerabilidades; reconocer la **autonomía** del interlocutor.

Fig. 2. La intención comunicativa importa: una misma habilidad (p. ej., seleccionar ejemplos) puede servir para aclarar o para sesgar

1.1. Emociones en la comunicación

Las emociones constituyen el eje invisible pero determinante de cualquier proceso comunicativo. No solo acompañan al mensaje, sino que modelan su interpretación, su recuerdo y su impacto. La comunicación no es un intercambio neutro de información, sino una interacción en la que los estados afectivos de quienes participan influyen directamente en el resultado.

Comprender las emociones propias y ajenas permite ajustar el tono, la velocidad, el contenido y el canal para que el mensaje sea recibido de la manera prevista. En cambio, ignorarlas puede generar malentendidos, resistencias o incluso rupturas relacionales.

Las emociones son respuestas psicofisiológicas complejas que surgen ante un estímulo —externo o interno—, y que orientan la conducta de las personas. En la comunicación, estos estímulos pueden ser una palabra, un gesto, una mirada o incluso un silencio.

Cuando alguien se siente comprendido, reconocido o validado, su sistema emocional se activa positivamente, favoreciendo la apertura y la cooperación. Por el contrario, la percepción de amenaza, crítica o desinterés despierta emociones como la ira, el miedo o la frustración, que bloquean la escucha activa y la disposición al diálogo.

Anotación

El 90 % de los conflictos interpersonales no se originan en la información intercambiada, sino en la carga emocional asociada al mensaje o en la forma en que este se transmite.

Fig. 3. No existen emociones "buenas" o "malas", sino adaptativas o desadaptativas según su intensidad y contexto

Las emociones cumplen cuatro funciones esenciales dentro de la comunicación humana:

1. **Función expresiva:** las emociones se comunican a través del cuerpo y el tono de voz, facilitando que el interlocutor capte el estado interno de quien habla.
2. **Función reguladora:** las emociones orientan el comportamiento comunicativo (por ejemplo, la ansiedad puede inducir prudencia, y la alegría puede fomentar la espontaneidad).
3. **Función motivadora:** impulsan la intención comunicativa; sin emoción no hay energía para hablar, convencer o escuchar.
4. **Función social:** refuerzan o debilitan vínculos. La empatía, la gratitud o la ira comunican información sobre la calidad de la relación y las normas sociales que la sustentan.

Ejemplo

Un jefe que transmite un mensaje de corrección con tono sereno y actitud empática genera colaboración; si el mismo mensaje se emite con irritación, despierta defensividad, incluso aunque las palabras sean idénticas.

Durante mucho tiempo se consideró que la razón y la emoción eran polos opuestos. Sin embargo, las investigaciones en **neurociencia afectiva** demuestran que la emoción **guía el razonamiento**. No hay decisiones racionales completamente desligadas del componente emocional.

El **modelo de Antonio Damasio**, basado en los "marcadores somáticos", muestra que las emociones sirven como atalajos evaluativos que permiten responder con rapidez ante los estímulos sociales. Así, cuando se comunica, el cerebro evalúa inconscientemente si el mensaje es seguro, amenazante o motivador antes incluso de procesar su contenido semántico.

Interacción razón-emoción	Resultado en la comunicación
Emoción moderada + razón activa	Comunicación equilibrada, asertiva y empática.
Emoción intensa + razón inhibida	Respuestas impulsivas o bloqueadas.
Emoción suprimida + razón dominante	Comunicación fría o distante, con baja conexión interpersonal.

Saber más

La amígdala cerebral, encargada de detectar amenazas, puede activar una reacción emocional antes de que la corteza racional procese la información. Este fenómeno, conocido como "secuestro amigdalar", explica por qué en momentos de tensión es tan difícil mantener un tono calmado.

Aunque existen múltiples clasificaciones, resulta útil agrupar las emociones en positivas, negativas y neutras, según su efecto sobre la interacción comunicativa.

Es importante recordar que el impacto depende del contexto, la intensidad y el control emocional de quien las expresa.

Tipo de emoción	Ejemplos	Efectos habituales en la comunicación
Positivas	Alegría, gratitud, esperanza	Favorecen la cooperación, la creatividad y la escucha.
Negativas	Ira, tristeza, miedo	Pueden bloquear el diálogo o generar defensividad si no se gestionan.
Neutras o mixtas	Sorpresa, curiosidad	Aumentan la atención, pero su interpretación depende del contexto.

Fig. 4. La sorpresa puede fortalecer la comunicación cuando se presenta una buena noticia, pero también puede generar incertidumbre si el interlocutor no entiende el motivo de la reacción

En toda interacción comunicativa intervienen dos dimensiones emocionales: la **expresiva** (cómo mostramos nuestras emociones) y la **perceptiva** (cómo interpretamos las emociones del otro).

La **competencia emocional** consiste en gestionar ambas dimensiones con equilibrio. Esto incluye reconocer las propias emociones, expresarlas adecuadamente y percibir con precisión las ajenas.

A continuación, se destacan las principales **manifestaciones observables** de la emoción en la comunicación:

Dimensión	Indicadores observables	Posible interpretación
Verbal	Elección de palabras, repeticiones, pausas	Muestra del nivel de seguridad o nerviosismo.
Paraverbal	Tono, volumen, ritmo, silencios	Transmite emociones como autoridad, calma o tensión.
No verbal	Mirada, postura, gestos, microexpresiones	Refleja congruencia o discrepancia con el mensaje verbal.

Anotación

La coherencia entre lo verbal y lo no verbal es esencial. Si alguien afirma "no pasa nada" con tono tenso y mirada esquiva, el interlocutor percibirá conflicto incluso sin palabras que lo confirmen.

Las emociones no se limitan al individuo; en los grupos y organizaciones se genera un **clima emocional compartido**, que influye en la calidad de la comunicación. Este clima puede ser **positivo** (colaborativo, optimista) o **negativo** (tenso, defensivo).

Fig. 5. Los líderes y portavoces tienen un papel fundamental en regular el clima emocional del grupo mediante su manera de hablar, reaccionar y reconocer las emociones de los demás

Se sintetizan factores que configuran el clima emocional de un entorno comunicativo:

1. **Modelado emocional:** los interlocutores tienden a imitar el tono emocional dominante.
2. **Normas implícitas:** cada grupo establece límites sobre lo que se puede expresar (p. ej., humor, desacuerdo, afecto).
3. **Reforzamiento social:** las reacciones de aprobación o rechazo influyen en cómo se comunican las emociones futuras.

Ejemplo

En un equipo donde se valoran los errores como oportunidades de mejora, la emoción predominante será la confianza. En cambio, si se castigan los fallos, prevalecerá la ansiedad, bloqueando la comunicación sincera.

Las emociones también condicionan la **escucha**. Una persona enfadada escucha para defenderse; una persona tranquila escucha para entender. Por tanto, la gestión emocional no solo es tarea de quien habla, sino también de quien recibe el mensaje.

Estado emocional del interlocutor	Efecto sobre la escucha	Respuesta recomendable del emisor
Enfado o frustración	Filtra la información, interrumpe o responde impulsivamente	Hablar despacio, validar emociones y ofrecer estructura.
Tristeza o desánimo	Baja atención, tendencia a la retirada	Mostrar apoyo, usar tono cálido y reformular positivamente.
Alegría o entusiasmo	Alta receptividad, pero menor análisis crítico	Mantener foco y canalizar energía hacia los objetivos.
Miedo o inseguridad	Evita participar o expresar desacuerdo	Generar seguridad, reconocer logros y fomentar preguntas.

Ejemplo

Si durante una negociación se percibe miedo o inseguridad, no es eficaz aportar más datos técnicos, sino reducir la tensión emocional antes de continuar.

Estas pautas no implican reprimir las emociones, sino **canalizarlas** de manera constructiva. Algunas recomendaciones clave son:

1. **Reconocer y nombrar** la emoción antes de actuar. Identificar "estoy nervioso" o "me siento frustrado" permite modular la respuesta.
2. **Practicar la pausa emocional.** Tomar unos segundos antes de responder puede evitar interpretaciones impulsivas.
3. **Usar el lenguaje emocional de forma explícita.** Frases como "comprendo que esto te preocupe" o "me alegra saberlo" integran empatía.
4. **Observar señales no verbales.** La incongruencia entre palabras y gestos suele revelar el verdadero estado emocional.

5. **Fomentar la validación.** Reconocer las emociones ajenas ("entiendo que estés molesto") no significa estar de acuerdo, sino aceptar su existencia.

La validación emocional es una herramienta poderosa para desactivar conflictos. La negación ("no te enfades") tiende a **intensificar** la emoción que se pretende calmar.

1.2. Técnicas de comunicación empática

La **comunicación empática** constituye una de las competencias más relevantes en cualquier entorno interpersonal y profesional. Implica comprender las emociones, pensamientos y necesidades del interlocutor, poniéndose en su lugar sin perder la propia perspectiva. La empatía no significa "estar de acuerdo", sino entender desde dentro cómo el otro percibe la situación.

En la práctica, la empatía transforma la comunicación en un proceso **bidireccional y cooperativo**, donde el objetivo no es ganar una discusión, sino **construir entendimiento mutuo**.

Fig. 6. Aplicar técnicas de comunicación empática permite prevenir conflictos, fortalecer vínculos, aumentar la confianza y mejorar la eficacia en equipos y organizaciones

Anotación

La empatía no es innata: puede desarrollarse mediante la escucha activa, la observación consciente y la autorregulación emocional.

Es necesario comprender los **cuatro pilares esenciales** sobre los que se asienta toda interacción empática:

1. **Atención plena (presencia)**: estar completamente concentrado en el interlocutor, sin distracciones mentales ni tecnológicas.
2. **Comprensión emocional**: captar los sentimientos que subyacen a las palabras o gestos.
3. **Validación**: reconocer la legitimidad de la emoción ajena sin necesidad de compartirla.
4. **Respuesta constructiva**: ofrecer una contestación que ayude al otro a sentirse comprendido y no juzgado.

Pilar	Descripción	Ejemplo de aplicación
Atención plena	Evitar interrupciones, mirar al interlocutor y mostrar interés genuino.	Mantener contacto visual y asentir mientras el otro explica su punto de vista.
Comprensión emocional	Percibir la emoción que acompaña al mensaje.	"Parece que esto te preocupa bastante."
Validación	Aceptar el sentimiento del otro sin corregirlo.	"Entiendo que te haya molestado lo ocurrido."
Respuesta constructiva	Proponer soluciones o pasos siguientes desde la calma.	"Veamos cómo podríamos mejorar esta situación juntos."

Ejemplo

En una conversación con un cliente molesto, la empatía se manifiesta cuando el profesional no se limita a justificar un error, sino que escucha sin interrumpir, reconoce el malestar y ofrece alternativas: "Comprendo su frustración; revisemos cómo podemos solucionarlo cuanto antes."

Los términos **"empatía"**, **"simpatía"** y **"compasión"** suelen confundirse, pero su aplicación práctica difiere sustancialmente. Solo la empatía genera una comunicación eficaz basada en equilibrio emocional y comprensión real.

Concepto	Enfoque principal	Riesgo o limitación	Resultado comunicativo
Simpatía	Sentir agrado por el otro o compartir sus emociones.	Se pierde objetividad o se asume el estado emocional ajeno.	Conexión emocional superficial.
Empatía	Comprender el estado interno del otro sin perder la propia perspectiva.	Requiere esfuerzo consciente y autocontrol.	Comunicación asertiva y cooperativa.
Compasión	Deseo de aliviar el sufrimiento ajeno.	Puede generar paternalismo si se interpreta como superioridad.	Ayuda genuina, pero no siempre comunicación igualitaria.

 Anotación

La empatía cognitiva se centra en comprender los pensamientos del otro; la empatía emocional en sentir o reconocer su emoción; y la empatía compasiva en actuar para mejorar la situación. Las tres se combinan en la comunicación empática efectiva.

Existen diversas técnicas que facilitan una comunicación empática. Todas parten de un principio: "escuchar para comprender, no para responder".

Las técnicas principales son:

1. **Escucha activa:** consiste en atender plenamente al interlocutor, demostrando interés mediante gestos, reformulaciones y preguntas abiertas. Por ejemplo: "Entonces, lo que quieres decir es que te sentiste ignorado durante la reunión, ¿correcto?"

2. **Reformulación empática:** repetir con tus propias palabras lo que el otro ha expresado, mostrando comprensión sin juzgar. Por ejemplo: "Parece que la carga de trabajo te ha resultado excesiva y te preocupa no poder cumplir los plazos."

3. **Reflejo emocional:** identificar y devolver la emoción percibida. Por ejemplo: "Noto que estás decepcionado; es normal sentirse así cuando las cosas no salen como esperabas."

4. **Lenguaje corporal coherente:** mantener contacto visual, postura abierta y gestos calmados, que refuercen la escucha y la disposición al diálogo.

5. **Silencio activo:** respetar pausas permite que el interlocutor elabore sus pensamientos y sienta espacio emocional. Por ejemplo, guardar unos segundos antes de responder, para que el otro complete su idea.

6. **Validación emocional:** reconocer la emoción sin restarle importancia ni emitir juicios. Por ejemplo: "Entiendo que te haya molestado mi comentario, no era mi intención."

7. **Preguntas abiertas y exploratorias:** facilitan la expresión emocional. Por ejemplo: "¿Cómo te sentiste cuando ocurrió eso?" o "¿Qué crees que podría ayudar en esta situación?"

8. **Autorrevelación moderada:** compartir experiencias propias de forma breve y útil para generar cercanía, sin desviar la atención. Por ejemplo: "A mí también me ha pasado sentirme así, y lo que me ayudó fue…"

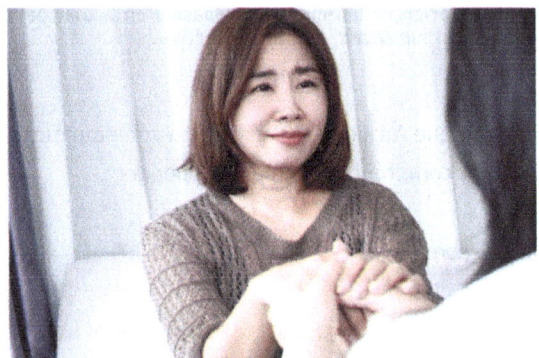

Fig. 7. La comunicación empática no se basa en ofrecer soluciones inmediatas, sino en construir comprensión: solo cuando la persona se siente escuchada, está lista para pasar a la acción

A pesar de su valor, la empatía puede verse obstaculizada por diversos factores individuales y contextuales. La mayoría son automatismos inconscientes que se pueden corregir con práctica.

Tipo de barrera	Descripción	Consecuencia
Egocentrismo comunicativo	Centrar la atención en las propias ideas sin atender las del otro.	Monólogo, falta de reciprocidad.
Juicio prematuro	Evaluar antes de comprender.	El interlocutor se cierra o se defiende.
Exceso de racionalización	Minimizar la emoción ajena con argumentos lógicos.	Desconexión emocional.
Distracción o multitarea	No prestar atención plena.	Malinterpretación del mensaje.
Sesgos culturales	Juzgar desde las propias normas culturales.	Falta de sensibilidad intercultural.
Cansancio o sobrecarga emocional	Fatiga que limita la disposición empática.	Irritabilidad o indiferencia.

Ejemplo

Una persona puede pensar que está escuchando activamente, pero si interrumpe constantemente con "sí, pero…" o mira el móvil, está comunicando desinterés y rompiendo el proceso empático.

En el entorno laboral, la empatía se traduce en mejor desempeño, cohesión de equipos y satisfacción del cliente. Algunos escenarios comunes y su aplicación práctica son los siguientes:

Contexto	Descripción	Ejemplo de aplicación empática
Atención al cliente	Comprender las necesidades detrás de una queja o solicitud.	"Lamento la confusión; entiendo que esperaba recibir el pedido antes. Vamos a revisar cómo agilizarlo."
Gestión de equipos	Detectar tensiones y reforzar la motivación.	"Parece que el nuevo procedimiento os ha resultado complejo. Analicemos juntos cómo simplificarlo."
Entrevistas laborales	Crear un clima de confianza que favorezca la expresión sincera.	"Tómate el tiempo que necesites para responder, no hay prisa."
Negociaciones	Comprender los intereses reales del otro, no solo sus demandas.	"Entiendo que lo que te preocupa es el plazo, más que el coste. Veamos cómo equilibrarlo."

 **Saber más**

Según estudios del Harvard Business Review, los líderes que practican una comunicación empática aumentan la productividad de sus equipos hasta un 20 %, al reducir el estrés y mejorar la cooperación interna.

La empatía requiere ritmo y paciencia: forzar la rapidez impide la conexión emocional.

Una conversación empática puede estructurarse en cuatro fases sucesivas:

1. **Apertura receptiva:** crear un clima de respeto, interés y disposición al diálogo. Por ejemplo, saludo cordial, contacto visual y una pregunta inicial neutra.
2. **Exploración emocional:** permitir que el interlocutor exprese libremente lo que siente y piensa. Por ejemplo: "¿Qué es lo que más te ha preocupado de esta situación?"
3. **Reflejo y validación:** devolver comprensión y reconocer la emoción. Por ejemplo: "Puedo imaginar que te haya resultado frustrante."
4. **Cierre cooperativo:** buscar soluciones conjuntas o compromisos realistas. Por ejemplo: "¿Qué te parece si revisamos juntos los pasos a seguir?"

En la actualidad, gran parte de la comunicación se produce mediante medios digitales (correo, chat, videollamadas). En estos entornos, la falta de señales no verbales dificulta la percepción emocional, por lo que la empatía requiere ajustes específicos.

A continuación, se presentan algunas recomendaciones:

- Usar un lenguaje claro y cordial, evitando interpretaciones ambiguas.
- Añadir expresiones emocionales moderadas ("gracias por tu paciencia", "me alegra que lo hayamos solucionado").
- Cuidar el tiempo de respuesta, ya que los silencios prolongados pueden interpretarse como desinterés.
- Mantener contacto visual en videollamadas y evitar multitareas visibles.
- Confirmar comprensión por escrito, especialmente en temas sensibles.

Ejemplo

En un correo de resolución de incidencias, una frase como "Lamento las molestias ocasionadas, entiendo lo importante que era para usted" transmite empatía sin extenderse, mejorando la percepción del servicio.

Por último, no es posible conectar emocionalmente con los demás sin desarrollar primero autoempatía, es decir, la capacidad de reconocer y aceptar las propias emociones.

Cuando una persona se encuentra en equilibrio emocional, puede escuchar sin reactividad, validar sin sentirse amenazada y responder con serenidad.

Elementos de la autoempatía	Descripción	Beneficio comunicativo
Autoconciencia emocional	Reconocer lo que se siente antes de hablar.	Reduce respuestas impulsivas.
Autorregulación	Mantener la calma en situaciones tensas.	Facilita la claridad del mensaje.
Autocompasión	Evitar el juicio excesivo hacia uno mismo.	Favorece la aceptación y la apertura.

Anotación

La autoempatía no es indulgencia, sino autocomprensión consciente. Cuanto mayor sea la conexión con uno mismo, mayor será la capacidad para conectar con los demás.

1.3. Control de las emociones en situaciones de conflicto

El **conflicto** es una realidad inherente a toda interacción humana. Surge cuando los intereses, necesidades o percepciones de dos o más personas parecen incompatibles. Sin embargo, lo que convierte a un conflicto en destructivo o constructivo no es su existencia, sino cómo se gestionan las emociones implicadas.

El control emocional en situaciones de conflicto no implica reprimir lo que se siente, sino **reconocer, regular y canalizar esas emociones** de manera que faciliten el diálogo y la búsqueda de soluciones.

Fig. 8. Una persona emocionalmente competente no elimina la emoción, sino que la transforma en información útil para tomar decisiones más racionales y respetuosas

 **Anotación**

En un conflicto, las emociones son como el termómetro de la relación: si suben demasiado, hay que enfriar la situación antes de intentar resolverla; si bajan en exceso, puede faltar implicación y comunicación auténtica.

Las emociones más frecuentes en un conflicto son la ira, el miedo, la tristeza, la frustración y, en ocasiones, la culpa. Estas emociones tienen una función adaptativa:

- La **ira** busca defender límites.
- El **miedo** protege de amenazas percibidas.
- La **tristeza** señala pérdida o decepción.
- La **frustración** indica que algo no sale como se esperaba.

No obstante, cuando se expresan sin control, estas emociones pueden bloquear el entendimiento y distorsionar la percepción del problema.

Emoción dominante	Posible origen	Riesgo si no se regula	Respuesta recomendada
Ira	Percepción de injusticia o falta de respeto.	Escalada verbal o ruptura de la relación.	Respirar, reducir el tono y posponer la discusión.
Miedo	Temor a perder estatus, afecto o control.	Sumisión o evitación del diálogo.	Expresar inquietudes con serenidad ("me preocupa que...").
Frustración	Obstáculos o metas no alcanzadas.	Resentimiento o resignación.	Replantear objetivos o negociar alternativas.

En una reunión de trabajo, un empleado interrumpe con tono elevado porque siente que no se le escucha. El gestor empático no responde con la misma intensidad, sino que reconoce la emoción ("entiendo que te sientas frustrado"), introduce una pausa y redirige la conversación hacia la búsqueda de soluciones.

El conflicto evoluciona a través de diferentes fases, y en cada una predominan emociones distintas:

Fase	Características emocionales	Estrategia recomendada
Latente	Incomodidad leve, señales sutiles de desacuerdo.	Detectar señales tempranas y abrir espacios de conversación.
Emergente	Emociones como irritación o tensión visible.	Escucha activa, reformulación y clarificación de intereses.
Abierta	Expresión intensa de enojo o defensa.	Pausa estratégica, uso de lenguaje neutral y validación emocional.
De resolución	Reducción de la carga emocional.	Negociación cooperativa y búsqueda de acuerdos sostenibles.

En la fase emergente, aplicar técnicas empáticas (como la validación y el reflejo emocional) puede evitar que el conflicto escale a niveles donde predomina la agresividad o la huida.

Controlar las emociones en un conflicto no se logra eliminándolas, sino gestionándolas conscientemente. Existen varias estrategias prácticas que ayudan a mantener la serenidad y la eficacia comunicativa:

1. **Autoconciencia emocional:** reconocer las propias reacciones antes de responder. Por ejemplo, identificar "me estoy irritando" en lugar de actuar impulsivamente.

2. **Distancia psicológica:** dar un paso mental atrás para analizar la situación con mayor objetividad. Por ejemplo, contar hasta diez o pedir un breve descanso antes de continuar.

3. **Respiración consciente:** técnica fisiológica simple que reduce la activación del sistema nervioso. Por ejemplo, inhalar profundamente por la nariz, mantener tres segundos y exhalar lentamente.

4. **Reencuadre cognitivo:** reinterpretar la situación buscando significados más constructivos. Por ejemplo, pasar de "me está atacando" a "está defendiendo su punto de vista".

5. **Lenguaje neutral:** sustituir expresiones acusatorias por descripciones objetivas. Por ejemplo, en lugar de "siempre haces lo mismo", decir "he notado que últimamente ocurre esto con frecuencia".

6. **Escucha emocional activa:** concentrarse en los sentimientos del otro más que en las palabras literales. Por ejemplo: "Parece que te ha generado mucha tensión este cambio."

Fig. 9. El autocontrol emocional no se logra en el momento del conflicto si no se ha practicado antes; por ello, conviene desarrollar rutinas diarias de autoconocimiento y regulación emocional, como la reflexión, la escritura o la meditación

Las siguientes técnicas pueden aplicarse durante o después de una interacción conflictiva, según la intensidad emocional. Todas persiguen un equilibrio: ni represión ni desbordamiento.

Técnica	Descripción	Aplicación práctica
Respiración diafragmática	Regula la frecuencia cardíaca y calma la respuesta de estrés.	Inspirar profundo y exhalar lentamente antes de responder.
Desidentificación cognitiva	Separar la emoción del "yo" para reducir su poder.	Pensar "estoy sintiendo enfado", no "soy una persona enfadada".
Anclaje emocional	Asociar un gesto o palabra a un estado de calma practicado previamente.	Usar una respiración o palabra clave ("tranquilo") para reconectar con la serenidad.
Visualización positiva	Imaginar el resultado deseado de la conversación.	Antes de una negociación, visualizar un diálogo respetuoso y constructivo.
Escritura reflexiva	Expresar emociones por escrito antes de comunicarlas oralmente.	Redactar un correo borrador y releerlo en frío antes de enviarlo.

Ejemplo

Un responsable de equipo recibe un mensaje crítico de un colaborador. Antes de responder, aplica respiración diafragmática y escribe su primera reacción sin enviarla. Al revisarla después, detecta expresiones impulsivas y las reformula con tono más objetivo y empático.

La **asertividad** es la habilidad que permite expresar lo que se piensa o se siente sin agredir ni someterse. Combina **autocontrol, claridad y respeto**, y constituye una herramienta fundamental en la gestión de conflictos.

Algunas **pautas asertivas** que ayudan a controlar las emociones durante una discusión:

1. Usar el mensaje en primera persona ("yo siento", "yo pienso"), evitando acusaciones.
2. Describir hechos, no juicios.
3. Pedir, no imponer. Sustituir órdenes por peticiones claras.
4. Mantener coherencia no verbal: tono estable, contacto visual y postura abierta.
5. Escuchar activamente antes de responder.

Comunicación agresiva	Comunicación pasiva	Comunicación asertiva
Interrumpe, eleva el tono, impone su criterio.	Evita confrontar, reprime emociones.	Expresa emociones y opiniones con respeto.
Busca ganar.	Busca evitar el conflicto.	Busca acuerdos y comprensión mutua.

Fig. 10. La asertividad es el punto de equilibrio entre el exceso emocional (agresividad) y la falta de expresión (pasividad); entrenar este estilo comunicativo previene conflictos y reduce el estrés interpersonal

La crítica es uno de los principales detonantes de emociones defensivas. Por ello, aprender a **recibir y responder a la crítica constructivamente** es clave para mantener la calma. Estrategias específicas son:

1. **Escuchar sin interrumpir.** La primera reacción emocional suele ser defensiva; contenerla permite procesar el mensaje.
2. **Buscar la intención.** Preguntar "¿qué te hace pensar eso?" ayuda a descubrir la perspectiva del otro.
3. **Evitar la reciprocidad emocional.** No responder con la misma carga afectiva.
4. **Distinguir forma y contenido.** Aunque la forma sea inadecuada, el contenido puede contener información útil.
5. **Responder con agradecimiento moderado.** "Gracias por comentarlo, lo tendré en cuenta."

Si un compañero dice con irritación: "Nunca entregas las cosas a tiempo", responder con calma: "Entiendo que te haya molestado ese retraso, y agradezco que me lo digas; revisemos cómo podemos coordinarnos mejor."

En la fase de resolución, el control emocional se orienta a restablecer la confianza y reconstruir el vínculo. Los pasos recomendados son:

1. **Reconocimiento emocional mutuo:** aceptar la vivencia del otro sin buscar culpables.
2. **Identificación de intereses compartidos:** pasar de posiciones ("quiero esto") a intereses ("necesito esto por esta razón").
3. **Negociación cooperativa:** construir soluciones donde ambas partes ganen parcialmente.
4. **Cierre emocional:** agradecer la disposición al diálogo y acordar mecanismos para prevenir futuros conflictos.

Según el modelo de Negociación Harvard, separar las personas del problema y centrarse en los intereses reduce la carga emocional y facilita acuerdos duraderos.

Por último, se sintetizan estrategias útiles para situaciones de elevada presión emocional, como conflictos laborales, familiares o con clientes:

Estrategia	Acción recomendada	Efecto
Pausar antes de responder	Contar hasta diez o pedir unos segundos.	Evita respuestas impulsivas.
Regular la voz	Mantener tono medio, articulación clara.	Transmite control y autoridad serena.
Nombrar la emoción	Expresar "me siento molesto" en lugar de actuarlo.	Reduce la tensión interna y favorece la empatía.
Cambiar el foco	Pasar del problema al objetivo común.	Reactiva la cooperación.
Autocompasión	Recordar que el error o el conflicto no define a la persona.	Previene culpa y resentimiento.

Ejemplo

Durante una reclamación intensa de un cliente, el profesional mantiene un tono calmado y usa frases empáticas como: "Comprendo que la situación sea frustrante. Estoy aquí para ayudarle a resolverlo." Este enfoque evita la escalada y convierte una situación negativa en una oportunidad de confianza.

El **control de las emociones en los conflictos** es un proceso de autoconciencia, regulación y comunicación consciente. No se trata de eliminar las emociones, sino de gobernarlas para que sirvan a la resolución en lugar de alimentar la confrontación.

Resumen

La psicología del interlocutor constituye la base de toda comunicación efectiva. Comprender cómo la otra persona percibe, interpreta y responde a un mensaje permite adaptar el discurso y mejorar la calidad de la interacción. Cada interlocutor posee una combinación particular de procesos cognitivos, emocionales y sociales que influyen en su forma de recibir la información. Por ello, el éxito comunicativo no depende solo de lo que se dice, sino también de cómo y cuándo se dice, considerando el contexto, el estado emocional y las expectativas del receptor.

Las emociones son el motor invisible de la comunicación. Lejos de ser un obstáculo, actúan como un sistema de guía que orienta la conducta, la percepción y la interpretación del mensaje. Emociones como la alegría, la confianza o la gratitud favorecen la apertura y la cooperación, mientras que la ira, el miedo o la frustración pueden bloquear la comprensión y generar respuestas defensivas. Aprender a reconocer y gestionar las emociones propias y ajenas permite mantener el equilibrio en la comunicación y transformar las diferencias en oportunidades de entendimiento.

La comunicación empática surge cuando el emisor logra ponerse en el lugar del interlocutor, comprendiendo sus sentimientos y necesidades sin perder su propio punto de vista. Este tipo de comunicación se apoya en técnicas como la escucha activa, la reformulación empática, el reflejo emocional o la validación. La empatía no busca resolver de inmediato un problema, sino construir una comprensión mutua que allane el camino hacia la cooperación. En contextos profesionales, la empatía mejora la satisfacción del cliente, la cohesión de los equipos y la eficacia de la comunicación digital, donde las señales emocionales son menos visibles.

El control emocional en situaciones de conflicto es otra competencia esencial. Cuando surgen desacuerdos, emociones como la ira o el miedo pueden intensificarse, impidiendo la comunicación racional. El objetivo no es suprimirlas, sino canalizarlas de forma constructiva mediante estrategias de autorregulación, como la respiración consciente, la pausa emocional o el reencuadre cognitivo. La asertividad se presenta aquí como la herramienta más equilibrada: expresar las propias emociones y opiniones con respeto, sin agresividad ni pasividad.

En la práctica, el manejo emocional requiere autoconciencia, empatía y autocontrol. Reconocer lo que se siente, comprender lo que siente el otro y mantener la calma permite abordar los conflictos desde una perspectiva colaborativa y no confrontativa. Así, la comunicación deja de ser un simple intercambio de información para convertirse en una relación humana basada en el respeto, la comprensión y la cooperación.

En definitiva, la psicología del interlocutor enseña que comunicar no es solo hablar, sino conectar emocionalmente. Una comunicación empática y emocionalmente inteligente no solo resuelve problemas, sino que también fortalece los vínculos personales y profesionales, promoviendo ambientes de trabajo más saludables, productivos y humanos.

Glosario

Asertividad

Capacidad de expresar pensamientos, sentimientos y opiniones de manera clara, honesta y respetuosa, sin agredir ni someterse a los demás.

Autoempatía

Habilidad para reconocer, aceptar y gestionar las propias emociones, como paso previo a la empatía hacia los demás.

Autoconciencia emocional

Proceso de identificar lo que se siente en cada momento, comprendiendo las causas y efectos de esas emociones sobre la conducta y la comunicación.

Autoregulación emocional

Capacidad de mantener el control de las emociones y comportamientos impulsivos, especialmente en contextos de conflicto o tensión.

Barreras comunicativas

Factores que obstaculizan la comprensión entre interlocutores, como el juicio prematuro, la distracción, la falta de empatía o los sesgos culturales.

Clima emocional

Conjunto de emociones compartidas que predominan en un grupo o contexto comunicativo y que influyen en la calidad del intercambio.

Comunicación empática

Interacción basada en la comprensión emocional del interlocutor, la escucha activa y la validación de sus sentimientos, favoreciendo el entendimiento mutuo.

Comunicación asertiva

Estilo comunicativo equilibrado que integra la claridad del mensaje con el respeto hacia las emociones y derechos de los demás.

Conflicto

Situación en la que dos o más partes perciben incompatibilidad de intereses, necesidades o valores. Puede ser constructivo si se gestiona adecuadamente.

Control emocional

Conjunto de técnicas y estrategias destinadas a mantener la serenidad y la objetividad en momentos de alta carga emocional.

Distancia psicológica

Estrategia que consiste en tomar perspectiva o "dar un paso mental atrás" para analizar una situación emocional con mayor objetividad.

Empatía

Capacidad de ponerse en el lugar del otro, comprendiendo sus emociones y pensamientos desde su punto de vista, sin confundirlos con los propios.

Escucha activa

Técnica de comunicación que implica atender al interlocutor con plena concentración, mostrando interés mediante gestos, preguntas y reformulaciones.

Lenguaje no verbal

Conjunto de gestos, posturas, miradas y expresiones que acompañan al mensaje verbal y comunican emociones o actitudes.

Reencuadre cognitivo

Técnica psicológica que consiste en reinterpretar una situación conflictiva desde una perspectiva más positiva o constructiva.

Reformulación empática

Parafraseo del mensaje del interlocutor con las propias palabras para confirmar la comprensión y demostrar empatía.

Validación emocional

Reconocimiento de las emociones del interlocutor como legítimas, sin juzgarlas ni intentar corregirlas.

Silencio activo

Pausa intencionada que permite al interlocutor reflexionar, expresarse o calmarse, mostrando respeto y atención.

Sesgo cognitivo

Atajo mental que lleva a interpretar la información de manera parcial o influida por experiencias previas, afectando la objetividad en la comunicación.

Ejercicios de autoevaluación

1. En un conflicto, la emoción de miedo suele estar relacionada con:

    a. Un deseo de dominio.

    b. La búsqueda de reconocimiento.

    c. La frustración ante un error.

    d. La percepción de pérdida de control o amenaza.

2. ¿Qué estrategia se recomienda para responder ante una crítica sin perder el control emocional?

    a. Escuchar sin interrumpir y buscar la intención detrás del mensaje.

    b. Responder con un argumento más fuerte.

    c. Ignorar a quien critica.

    d. Rebatir de inmediato para demostrar seguridad.

3. ¿Cuál es la finalidad principal del "reencuadre cognitivo" en un conflicto?

    a. Cambiar el tema de conversación.

    b. Modificar la interpretación del problema para reducir la carga emocional.

    c. Evitar la confrontación.

    d. Aumentar la intensidad emocional.

4. En una conversación tensa, decir "yo siento que..." en lugar de "tú siempre..." es una técnica de:

    a. Escucha activa.

    b. Comunicación asertiva.

    c. Distancia psicológica.

    d. Silencio reflexivo.

5. ¿Cuál es el primer paso del control emocional eficaz en una situación de conflicto?

   a. Buscar apoyo externo.

   b. Reconocer la propia emoción antes de responder.

   c. Exigir disculpas.

   d. Evitar el tema del conflicto.

6. ¿Qué se logra mediante la respiración diafragmática durante una discusión?

   a. Controlar al interlocutor.

   b. Ganar tiempo para responder con más argumentos.

   c. Regular la activación fisiológica y recuperar la calma.

   d. Fingir serenidad sin sentirla.

7. ¿Qué característica define la comunicación asertiva frente a la agresiva y la pasiva?

   a. Evita expresar emociones.

   b. Impone el propio punto de vista.

   c. Expresa sentimientos y opiniones con respeto y claridad.

   d. Busca siempre evitar el conflicto.

8. ¿Qué técnica ayuda a prevenir interpretaciones impulsivas durante un conflicto?

   a. Practicar la pausa emocional antes de contestar.

   b. Aumentar el volumen de la voz.

   c. Responder rápidamente para defenderse.

   d. Ignorar las emociones.

9. La validación emocional implica:

    a. Reconocer y aceptar las emociones ajenas sin juzgarlas.

    b. Reprimir las emociones negativas.

    c. Estar siempre de acuerdo con el interlocutor.

    d. Sustituir la emoción por una explicación racional.

10.En la resolución emocional de un conflicto, el paso final recomendado es:

    a. Señalar los errores del otro.

    b. Agradecer la disposición al diálogo y acordar mecanismos de prevención futura.

    c. Mantener la distancia para evitar nuevas discusiones.

    d. Cerrar la conversación sin conclusiones.

Aplicaciones prácticas

Aplicación práctica. 1. Comunicación empática y asertiva

Módulo 1. Comunicación asertiva y efectiva

Laura, coordinadora de un equipo de trabajo, dirige una reunión semanal para revisar los avances del proyecto. Durante la sesión, uno de sus compañeros, Javier, interrumpe con frecuencia y responde con un tono elevado. En un momento dado, Laura le recuerda que el informe debía entregarse el día anterior, y Javier contesta visiblemente molesto: *"¡Si no me dieran tareas de última hora, podría entregar todo a tiempo!"*

El ambiente se tensa y Laura debe decidir cómo responder para reconducir la situación sin aumentar la confrontación. Ella pretende mantener la calma y facilitar un clima cooperativo. Sin embargo, en su primera reacción comete un error que agrava la tensión.

A continuación, se presentan cuatro posibles respuestas. Selecciona la opción más adecuada e identifica qué error comunicativo se comete en las opciones incorrectas.

a. *"No te pongas así, todos tenemos trabajo. Si sigues con ese tono, no podremos avanzar."*

b. *"Entiendo que te sientas frustrado con los plazos. Veamos juntos cómo podríamos organizarnos mejor."*

c. *"Eso no es cierto. Siempre te damos tiempo de sobra, lo que pasa es que te organizas mal."*

d. *"Vale, da igual. Sigamos con el siguiente punto."*

Aplicación práctica. 2. Tipos de barreras comunicativas

Módulo 1. Comunicación asertiva y efectiva

Durante una reunión de seguimiento, un responsable de departamento observa que varios miembros del equipo no comprenden las nuevas instrucciones de trabajo. A pesar de haber enviado un correo explicativo, los resultados no son los esperados: algunos empleados repiten errores, otros no responden a tiempo y uno de ellos se muestra molesto por no haber entendido las indicaciones.

El responsable revisa la situación y se da cuenta de que pueden estar influyendo barreras de comunicación tanto personales como contextuales. Para analizar la causa del problema, completa la siguiente tabla identificando el tipo de barrera y una estrategia de mejora adecuada.

Situación observada	Tipo de barrera	Error cometido	Estrategia de mejora
El correo enviado contiene tecnicismos que algunos empleados no comprenden.	_____	Uso de lenguaje demasiado especializado.	_____
Durante la reunión, el responsable habla demasiado rápido y no verifica comprensión.	_____	Falta de adaptación al ritmo del interlocutor.	_____
Un empleado interpreta el tono firme del responsable como crítica personal.	_____	Confusión entre mensaje verbal y tono emocional.	_____
La reunión se realiza en una sala con ruido constante y mala acústica.	_____	Dificultad para captar y procesar el mensaje.	_____
El responsable evita pedir retroalimentación por miedo a críticas.	_____	Comunicación unidireccional sin feedback.	_____

Aplicación práctica. 3. Estrategias para una buena comunicación

Módulo 2. Psicología del interlocutor

Marcos trabaja en el departamento de atención al cliente de una empresa tecnológica. Recibe una llamada de una usuaria que expresa su descontento con el servicio técnico. Su tono es elevado y mezcla la frustración con la urgencia. Marcos, intentando mantener la profesionalidad, adopta un tono muy neutral y responde con frases cortas y distantes, del tipo:

- *"Comprendo lo que dice, señora. Estamos revisando su caso."*
- *"La incidencia se resolverá en un plazo máximo de 48 horas."*

Tras la conversación, la clienta presenta una queja formal alegando que "se sintió ignorada" y que "el agente fue frío e indiferente". Marcos se sorprende, pues considera que no perdió la calma ni fue descortés.

Días después, su supervisora le pide reflexionar sobre cómo podría mejorar su comunicación emocional, manteniendo el control sin perder la cercanía.
Analiza el caso y responde a las siguientes cuestiones:

1. ¿Qué error comunicativo cometió Marcos, aunque su lenguaje fuera correcto?
2. ¿Qué estrategias podría aplicar para que su comunicación sea empática y emocionalmente efectiva en futuras interacciones?

Aplicaciones prácticas

Ejercicio de evaluación final

1. **¿Qué se entiende por "psicología del interlocutor" en el proceso comunicativo?**

    a. El estudio de los rasgos de personalidad permanentes.
    b. La observación de la conducta del receptor durante la conversación.
    c. La comprensión de los procesos emocionales y cognitivos que influyen en cómo el interlocutor percibe y responde al mensaje.
    d. El análisis clínico del comportamiento del receptor.

2. **¿Cuál es la función principal de las emociones en la comunicación?**

    a. Interferir en la claridad del mensaje.
    b. Evitar el razonamiento lógico.
    c. Generar confusión entre los interlocutores.
    d. Orientar el comportamiento comunicativo y facilitar la comprensión interpersonal.

3. **Cuando una persona percibe una amenaza o falta de respeto, la emoción más probable que se active es:**

    a. Alegría.
    b. Ira.
    c. Curiosidad.
    d. Tranquilidad.

4. **Una emoción positiva en la comunicación se caracteriza por:**

    a. Inhibir la cooperación.
    b. Favorecer la apertura, la confianza y la escucha.
    c. Aumentar la distancia interpersonal.
    d. Generar reacciones defensivas.

5. ¿Qué diferencia esencial existe entre empatía y simpatía?

    a. La empatía es más emocional que la simpatía.

    b. No existe diferencia relevante.

    c. La simpatía es una forma avanzada de empatía.

    d. La empatía comprende las emociones ajenas sin perder la propia perspectiva; la simpatía las comparte.

6. ¿Qué técnica empática consiste en repetir con las propias palabras lo que el interlocutor ha expresado para demostrar comprensión?

    a. Validación emocional.

    b. Reformulación empática.

    c. Silencio activo.

    d. Autorrevelación.

7. La práctica del "silencio activo" en una conversación empática tiene como finalidad:

    a. Dar espacio al interlocutor para elaborar sus ideas y emociones.

    b. Evitar hablar por timidez.

    c. Mostrar desacuerdo con el mensaje.

    d. Interrumpir el flujo de información.

8. ¿Cuál de los siguientes comportamientos constituye una barrera para la comunicación empática?

    a. Reformular lo que el otro dice.

    b. Validar las emociones ajenas.

    c. Mantener contacto visual.

    d. Emitir juicios prematuros.

9. **En un entorno digital, la empatía se refuerza mediante:**

   a. Respuestas breves y técnicas.

   b. Evitar expresar emociones.

   c. Usar un lenguaje claro, cordial y con expresiones de comprensión.

   d. Escribir en mayúsculas para enfatizar.

10. **¿Qué significa el término "autoempatía"?**

    a. Ser indulgente con uno mismo.

    b. Reconocer y aceptar las propias emociones para poder gestionarlas con equilibrio.

    c. Pensar siempre en uno mismo antes que en los demás.

    d. Evitar el contacto emocional con otros.

11. **¿Qué actitud NO corresponde a una escucha empática?**

    a. Mostrar interés genuino.

    b. Validar las emociones del otro.

    c. Emitir juicios o consejos sin que se pidan.

    d. Mantener contacto visual y postura abierta.

12. **¿Cuál es el canal más adecuado para transmitir información compleja que requiere debate?**

    a. Mensaje de texto breve.

    b. Correo electrónico genérico.

    c. Comunicación escrita en tablón.

    d. Reunión presencial o videollamada.

13. **Una barrera psicológica frecuente es:**

    a. El miedo o la inseguridad.

    b. El ruido ambiental.

    c. La ambigüedad semántica.

    d. La mala conexión tecnológica.

14. En la técnica del "disco rayado", el emisor:

    a. Cede para evitar conflicto.

    b. Repite calmadamente su argumento sin entrar en confrontación.

    c. Eleva el tono hasta que se cumpla su petición.

    d. Cambia de tema para distraer al interlocutor.

15. ¿Cuál de los siguientes comportamientos indica coherencia comunicativa?

    a. Decir "estoy bien" con tono apagado.

    b. Sonreír mientras se expresa molestia.

    c. Mantener congruencia entre palabras, tono y gestos.

    d. Evitar contacto visual durante el discurso.

16. ¿Qué tipo de barrera se produce cuando se interpreta de forma diferente un mismo gesto según la cultura?

    a. Fisiológica.

    b. Psicológica.

    c. Sociocultural.

    d. Física.

17. ¿Qué es una petición asertiva?

    a. Un mandato disfrazado de cortesía.

    b. Una solicitud concreta, respetuosa y posible de cumplir.

    c. Una sugerencia vaga sin fecha.

    d. Una exigencia con tono firme.

18. ¿Qué elemento pertenece a la comunicación paraverbal?

    a. La elección del canal.

    b. El tono, el ritmo y el volumen de la voz.

    c. La postura corporal.

    d. El contenido del mensaje.

19. Una persona que utiliza sarcasmo o ironía para expresar su desacuerdo muestra un estilo:

    a. Pasivo-agresivo.

    b. Asertivo.

    c. Pasivo.

    d. Empático.

20. ¿Cuál es la principal finalidad de la comunicación asertiva en el ámbito profesional?

    a. Evitar conversaciones difíciles.

    b. Lograr acuerdos equilibrados basados en el respeto mutuo.

    c. Ganar todas las discusiones.

    d. Mantener la neutralidad emocional absoluta.

Solucionario

Módulo 1. Comunicación asertiva y efectiva

1. c	**6.** c
2. a	**7.** d
3. c	**8.** b
4. d	**9.** b
5. b	**10.** a

Módulo 2. Psicología del interlocutor

1. d	**6.** c
2. a	**7.** c
3. b	**8.** a
4. b	**9.** a
5. b	**10.** b

Solucionario

Bibliografía

Webgrafía

11 ejemplos de barreras de la comunicación y cómo puedes superarlas para tener una comunicación efectiva
https://www.mundana.us/blog/barreras-de-la-comunicacion

Comunicación asertiva
https://concepto.de/comunicacion-asertiva/

Comunicación verbal y no verbal
https://concepto.de/comunicacion-verbal-y-no-verbal/

Comunicación verbal y no verbal en el trabajo: claves para mejorar tus habilidades
https://www.gaddexapp.com/blogs/comunicacion-verbal-y-no-verbal

Escucha activa: la clave para comunicarse con los demás
https://psicologiaymente.com/social/escucha-activa-oir

La comunicación asertiva: una herramienta clave para las empresas
https://www.mapfre.com/actualidad/salud/comunicacion-asertiva/

La comunicación empática: comprensión y escucha activa
https://www.artsocial.cat/articulo/la-comunicacion-empatica/

Las 5 barreras de la comunicación, explicadas
https://psicologiaymente.com/social/barreras-de-comunicacion

Los tres estilos de comunicación y sus efectos
https://santiagocidpsicologia.com/blog/psicologia/estilos-de-comunicacion/

¿Qué es la escucha activa? Ejemplos para practicarla

https://www.santanderopenacademy.com/es/blog/escucha-activa.html

Técnicas de comunicación asertiva

https://divulgaciondinamica.es/tecnicas-comunicacion-asertiva